21 世纪高职高专教育“十四五”规划教材

小城镇规划设计

主　编　陈　芳　赵挺雄
副主编　沈　涛　刘　龙
参　编　赖婷婷　黄　慧　申飞鹏
　　　　廖雅静　张战峰　刘　娜
主　审　朱向军

燕山大学出版社
·秦皇岛·

图书在版编目(CIP)数据

小城镇规划设计/陈芳,赵挺雄主编. —秦皇岛:燕山大学出版社,2021.6
ISBN 978-7-5761-0157-7

Ⅰ.①小… Ⅱ.①陈… ②赵… Ⅲ.①小城镇-城市规划-设计方案-高等职业教育-教材
Ⅳ.①TU984

中国版本图书馆 CIP 数据核字(2021)第 049223 号

小城镇规划设计

陈　芳 赵挺雄 主编

出 版 人:陈　玉
责任编辑:朱红波
封面设计:冯晓亮
出版发行:燕山大学出版社
地　　址:河北省秦皇岛市河北大街西段 438 号
邮政编码:066004
电　　话:0335-8387555
印　　刷:英格拉姆印刷(固安)有限公司
经　　销:全国新华书店

开　　本:787mm×1092mm　1/16　**印　　张**:7.25　**字　　数**:168 千字
版　　次:2021 年 6 月第 1 版　**印　　次**:2021 年 6 月第 1 次印刷
书　　号:ISBN 978-7-5761-0157-7
定　　价:35.00 元

前言

本书主要为高职院校城乡规划及相关专业学习小城镇规划相关课程编写。目前，市场上虽然不乏小城镇规划建设类的书籍，但多为政策性、理论性研究，鲜有基于小城镇规划项目编写的书籍，更缺乏供高职院校使用的此类教材。

目前，国土空间规划体系正在迅速建立，本书在认知市县国土空间总体规划基本内容的基础上，通过任务和案例引导，介绍小城镇规划的空间布局、用地规划、道路交通规划和公用工程设施规划等内容。

本书内容编写上，湖南城建职业技术学院陈芳、赵挺雄作为本教材主编，共同确定了本书的大纲并完成了第一篇各章的编写；沈涛编写了第二篇第1章的内容；刘龙和赵挺雄共同完成了第二篇第2.1、2.2节的编写；申飞鹏和刘娜共同完成了第二篇第2.3节的编写；赖婷婷完成了第二篇第2.4节的编写；廖雅静、黄慧共同完成了第二篇第2.5节的编写；山东城市建设职业学院张战峰完成了第二篇第2.6节的编写；赵挺雄完成了第三篇的编写。

由于编者水平有限，本书的内容编写肯定存在着不少缺点和不足，真诚希望有关专家学者以及广大读者批评、指正，以便我们不断修正、完善。

2020年12月

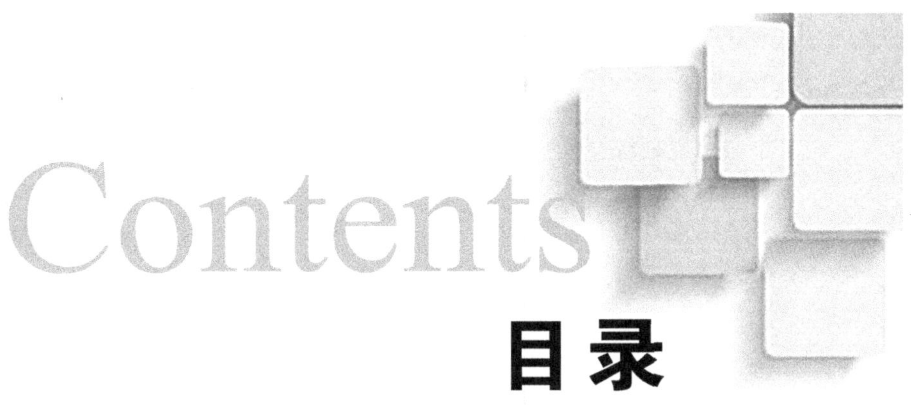

目录

第一篇　上层次规划认知

第二篇　小城镇规划

第三篇　综合实训

第一篇
上层次规划认知

1 国土空间总体规划编制背景

1.1 国土空间规划的发展历程

知识目标

熟悉空间规划的主要类型；熟悉空间规划的发展历程和主要工作内容。

知识引入

“空间规划”一词在1983年欧洲区域规划部长级会议通过的《欧洲区域/空间规划章程》中被首次使用。文中指出，区域/空间规划是经济、社会、文化和生态政策的地理表达，也是一门跨学科的综合性科学学科、管理技术和政策，旨在依据总体战略形成区域均衡发展和物质组织。1997年发布的《欧盟空间规划制度概要》中进一步指出，空间规划主要是由公共部门使用的影响未来活动空间分布的方法，目的是形成一个更合理的土地利用及其功能关系的地域组织，平衡发展和保护环境两个需求，实现社会和经济发展目标。通过协调不同部门规划的空间影响，实现区域经济的均衡发展以弥补市场缺陷，同时规范土地和财产使用的转换。“空间规划”一词目前仍在欧洲规划工作使用较多。

中国共产党第十八届中央委员会第三次全体会议通过的《中共中央关于全面深化改革若干重大问题的决定》指出，要“通过建立空间规划体系，划定生产、生活、生态空间开发管制界限，落实用途管制”。其后，习近平总书记在2013年12月的中央城镇化工作会议上指出，要“建立空间规划体系，推进规划体制改革，加快规划立法工作”。2015年9月，中共中央国务院颁发的《生态文明体制改革总体方案》进一步要求，“构建以空间治理和空间结构优化为主要内容，全国统一、相互衔接、分级管理的空间规划体系，着力解决空间性规划重叠冲突、部门职责交叉重复、地方规划朝令夕改等问题”，同时指出，“编制空间规划，要整合目前各部门分头编制的各类空间性规划，编制统一的空间规划，实现规划全覆盖”。十八届五中全会公报文件指出，“加快建设主体功能区，发挥主体功能区作为国土空间开发保护基础制度的作用”。其后，《中共中央关于制定国民经济和社会发展第十三个五年规划的建议》指出，“推动各地区宜居主体功能定位发展。以主体功能区规划为基础统筹各类空间性规划，推进‘多规合一’”。

1.1.1 主体功能区规划的发展历程

(1)主体功能区规划的基本概念

<table>
<tr><td>①主体功能区规划的定义</td><td>主体功能区规划,就是要根据不同区域的资源环境承载能力、现有开发密度和发展潜力,统筹谋划未来人口分布、经济布局、国土利用和城镇化格局,将国土空间划分为优化开发、重点开发、限制开发和禁止开发四类,确定主体功能定位,明确开发方向,控制开发强度,规范开发秩序,完善开发政策,逐步形成人口、经济、资源环境相协调的空间开发格局。</td></tr>
<tr><td>②主体功能区规划的发展进程</td><td>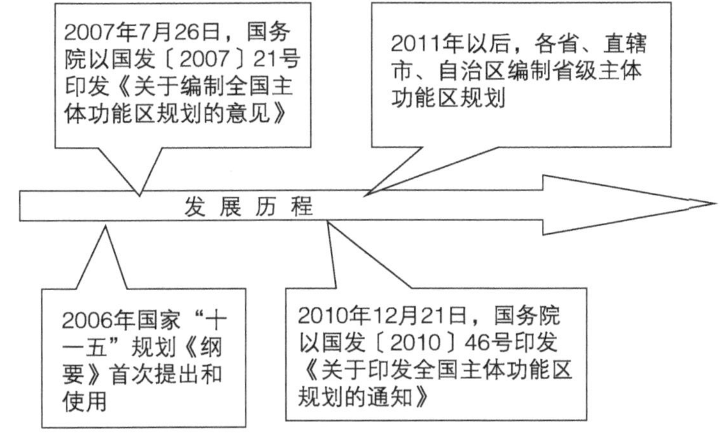

图 1-1 主体功能区规划的发展进程示意图
1)2006 年,国家“十一五”规划《纲要》明确提出:根据资源环境承载能力、现有开发密度和发展潜力,统筹考虑未来我国人口分布、经济布局、国土利用和城镇化格局,将国土空间划分为优化开发、重点开发、限制开发和禁止开发四类主体功能区,按照主体功能定位调整完善区域政策和绩效评价,规范空间开发秩序,形成合理的空间开发结构。这是科学开发和保护我国国土空间资源的空间开发战略。
2)2007 年 7 月 26 日,国务院以国发〔2007〕21 号印发《关于编制全国主体功能区规划的意见》。编制全国主体功能区规划,就是要根据不同区域的资源环境承载能力、现有开发密度和发展潜力,统筹谋划,将国土空间划分为优化开发、重点开发、限制开发和禁止开发四类,确定主体功能定位,明确开发方向,控制开发强度,规范开发秩序,完善开发政策,逐步形成人口、经济、资源环境相协调的空间开发格局。
3)2010 年 12 月 21 日,国务院以国发〔2010〕46 号印发《关于印发全国主体功能区规划的通知》。将国土空间划分为优化开发区域、重点开发区域、限制开发区域和禁止开发区域四类主体功能区,并规定了相应的功能定位、发展方向和开发管制原则。这是新中国成立以来我国第一个全国性国土空间开发规划。
4)2011 年以后,湖南省(2012 年)、山东省(2013 年)、江苏省(2014 年)、上海市(2012 年)、广西壮族自治区(2012 年)等全国各省、直辖市、自治区先后编制完成了省级主体功能区规划;许多地级市,如惠州、苏州、马鞍山等,也相继编制完成了本市的主体功能区规划。</td></tr>
</table>

（2）主体功能区规划的主要内容认知

<table>
<tr><td>①评价分析</td><td>科学确定指标体系，利用遥感、地理信息等空间分析技术和手段，对全国或本地区的所有国土空间进行综合分析评价，作为确定主体功能区的基本依据。分析评价采用全国统一的指标体系，统筹考虑资源环境承载能力、现有开发密度、发展潜力等因素。
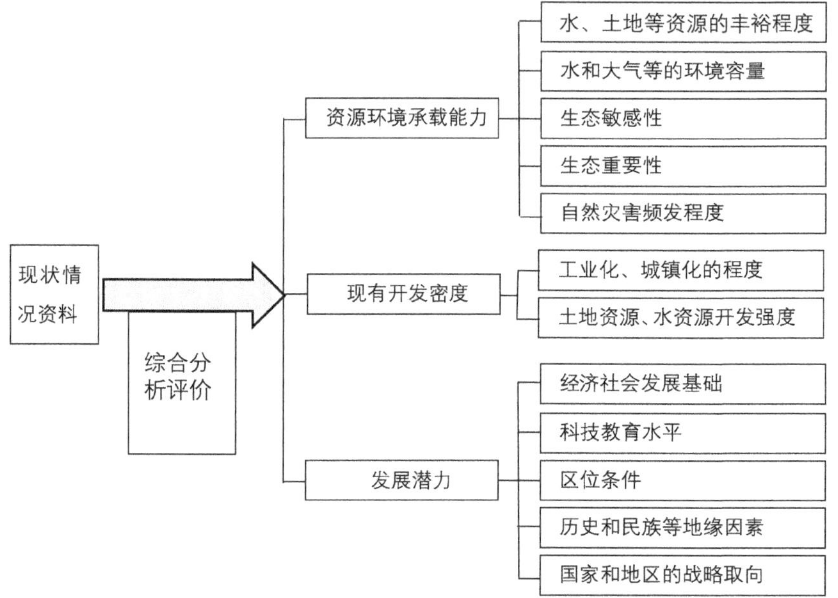

图1－2　主体功能规划综合评价结构图</td></tr>
<tr><td>②主体功能区划分</td><td>将国土空间划分为优化开发、重点开发、限制开发和禁止开发四类主体功能区。
优化开发和重点开发区域成为以集聚经济和人口为主体功能，同时具有提供生态产品和农产品功能的城镇化空间；限制开发和禁止开发区域成为以提供农产品和生态产品为主体功能，同时具有发展其他适宜经济功能的农业空间和生态空间。
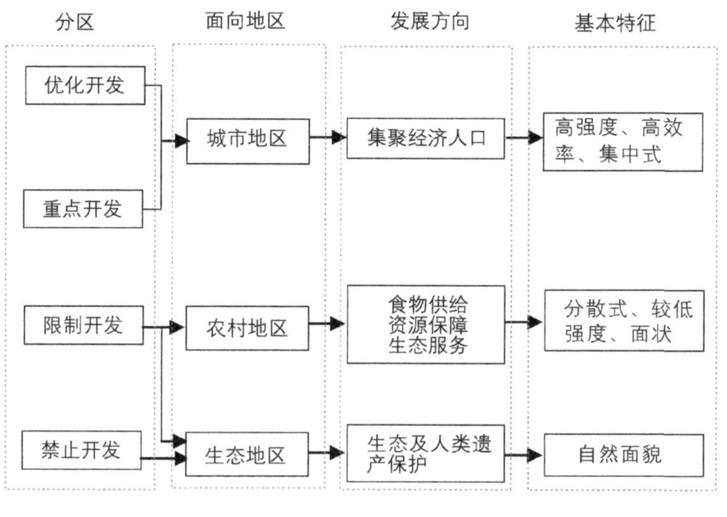

图1－3　主体功能规划分区示意图</td></tr>
</table>

<table>
<tr>
<td>③完善区域政策</td>
<td>实施全国主体功能区规划，实现主体功能区定位，关键要调整完善相关政策，主要有：财政政策、投资政策、产业政策、土地政策、人口管理政策、环境保护政策、绩效评价和政绩考核。
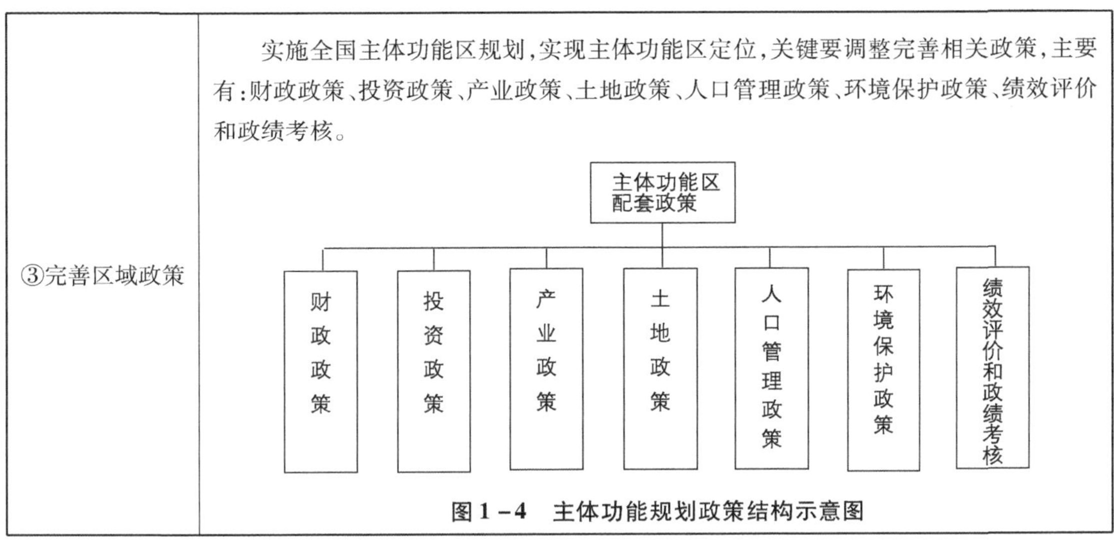

图 1－4　主体功能规划政策结构示意图</td>
</tr>
</table>

1.1.2　土地利用总体规划的发展历程

(1) 土地利用总体规划的基本概念

<table>
<tr>
<td>①土地利用总体规划定义</td>
<td>土地利用总体规划是在一定区域内，根据国家社会经济可持续发展的要求和当地自然、经济、社会条件，对土地的开发、利用、治理、保护在空间上、时间上所作的总体安排和布局，是国家实行土地用途管制的基础。</td>
</tr>
<tr>
<td>②土地利用总体规划的发展进程</td>
<td>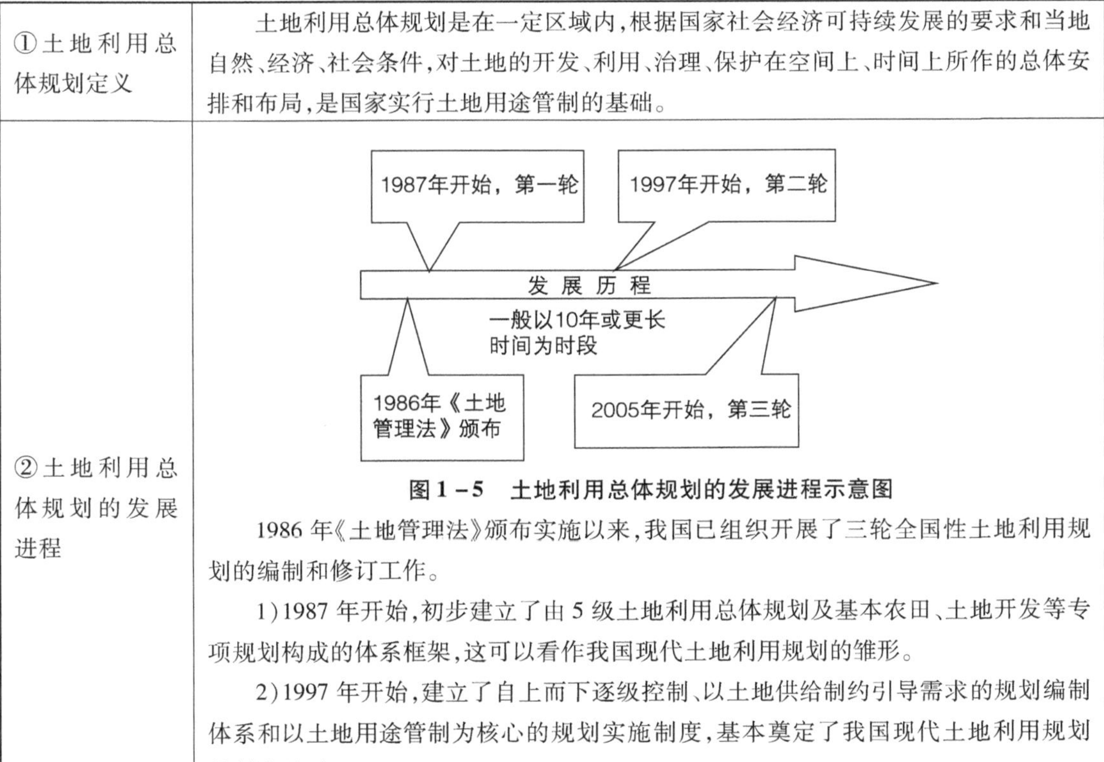

图 1－5　土地利用总体规划的发展进程示意图
1986 年《土地管理法》颁布实施以来，我国已组织开展了三轮全国性土地利用规划的编制和修订工作。
1) 1987 年开始，初步建立了由 5 级土地利用总体规划及基本农田、土地开发等专项规划构成的体系框架，这可以看作我国现代土地利用规划的雏形。
2) 1997 年开始，建立了自上而下逐级控制、以土地供给制约引导需求的规划编制体系和以土地用途管制为核心的规划实施制度，基本奠定了我国现代土地利用规划的制度基础。
3) 自 2005 年起，为适应经济社会发展和国土开发格局的深刻变化，开展了第三轮规划。</td>
</tr>
</table>

③土地利用总体规划分级

根据我国行政区划，规划分为全国、省(自治区、直辖市)、市(地)、县(市)和乡(镇)五级，即五个层次。上下级规划必须紧密衔接，上一级规划是下一级规划的依据，并指导下一级规划，下一级规划是上一级规划的基础和落实。

规划分级：

规划	分区
全国国土规划纲要 ↓ 省级土地利用总体规划	综合分区
市级土地利用总体规划	功能分区
县级土地利用总体规划	用途分区
镇级土地利用总体规划	用途分区

图1－6　土地利用总体规划的分级示意图

(2)土地利用总体规划的主要内容认知

①土地规划用途分类及识读

土地规划用途分类分为：一级类3项，二级类11项。

表1－1　土地规划用途分类一览表

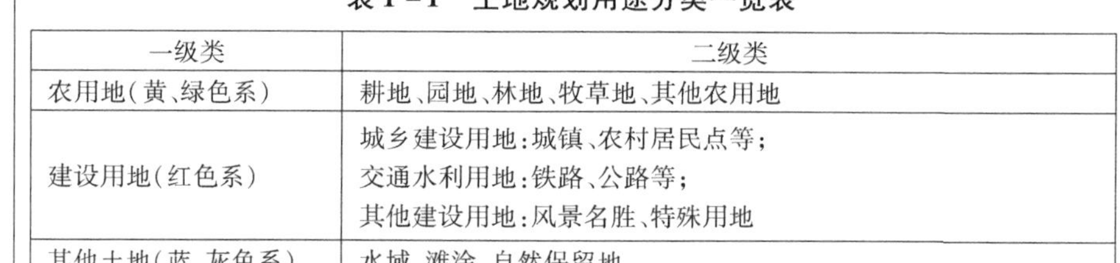

一级类	二级类
农用地(黄、绿色系)	耕地、园地、林地、牧草地、其他农用地
建设用地(红色系)	城乡建设用地：城镇、农村居民点等； 交通水利用地：铁路、公路等； 其他建设用地：风景名胜、特殊用地
其他土地(蓝、灰色系)	水域、滩涂、自然保留地

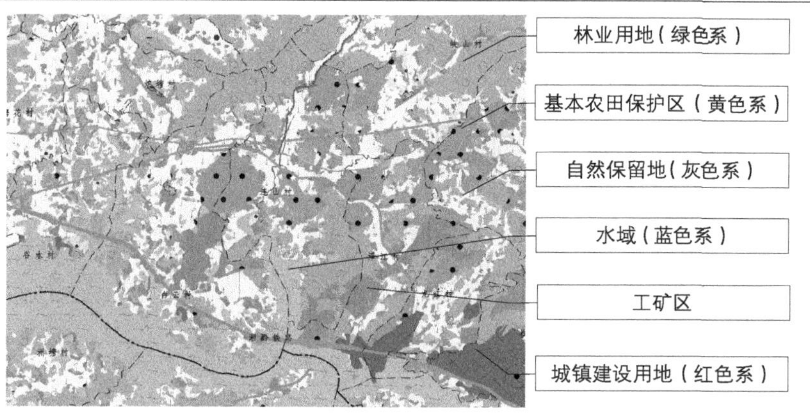

图1－7　土地利用总体规划的用地用途分类图斑色彩示意图

以两大色系表达两类用地：建设用地以偏暖色系表达为主，非建设用地(农用地、其他土地)以偏冷色系表达为主。

<table>
<tr>
<td>②建设用地空间管制分区</td>
<td>
建设用地空间管制分区分为四区，分别是：允许建设区、限制建设区、禁止建设区、有条件建设区。

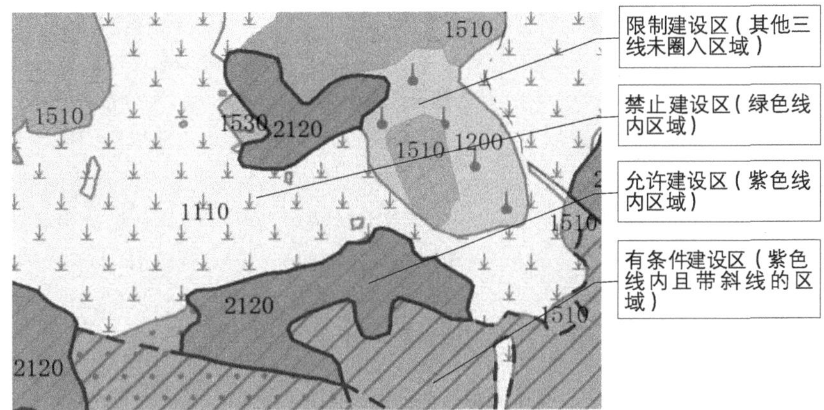

图1－8　土地利用总体规划的建设用地空间管制分区色彩示意图

1）允许建设区：允许作为建设用地利用，开展城乡建设的空间区域；
2）有条件建设区：原则上不允许作为建设用地利用，满足特定条件后可以开展城乡建设的空间区域；
3）禁止建设区：以生态与环境保护空间为主导用途，禁止开展与主导功能不相符的各项建设的空间区域；
4）限制建设区：允许建设区、有条件建设区和禁止建设区以外，禁止城镇和大型工矿建设、限制村庄和其他独立建设、控制基础设施建设，以农业发展为主的空间区域。
</td>
</tr>
</table>

1.1.3　城乡规划的发展历程

（1）城乡规划的基本概念

<table>
<tr>
<td>①城乡规划的定义</td>
<td>城乡规划是各级政府统筹安排城乡发展建设空间布局、保护生态和自然环境、合理利用自然资源、维护社会公正与公平的重要依据，具有重要公共政策的属性。</td>
</tr>
<tr>
<td>②新中国成立后城乡规划的发展进程</td>
<td>新中国成立后的城市规划发展的历程可以分为四个阶段：
<table>
<tr>
<td>第一阶段（1950—1957）城市规划的起步阶段</td>
<td>这一时期，百废待兴，所以新中国接受了苏联大量的援助，城市发展学习苏联发展模式。同时，由于建设和发展工业的需要，这一时期资源城市得到了极大的发展。“原苏联模式”是一种理想蓝图式的规划，作为国家经济建设的调控管理，具有“国民经济计划延续”实施的保证作用。在当时中国内地大规模物质建设的特定环境下，富有许多实际的意义，规划较好地配合了工业建设，也为中国的城市规划事业奠定了开创性的基础。这一阶段被认为是中国内地城市规划史上的“第一个春天”。</td>
</tr>
</table>
</td>
</tr>
</table>

②新中国成立后城乡规划的发展进程	第二阶段（1958—1977）“大跃进”及“文革”时期城市规划	这一时期是中国城市规划的动荡阶段。为了适应“大跃进”的需要，规划界提出普遍开展简化内容的“快速规划”。到后来，为了满足少数大型工业工艺需要，在一些山沟里出现了新型山区城市规划。这一时期城市建设的思想是“先生产，后生活”，实行“靠山、分散、隐蔽”的原则，采取低标准、大分散、乡村型城市的规划手法，未能脱离旧模式的框架。结果是造成全国城市基础设施严重欠账，影响了人们的生产与生活，进而影响了城市规划的发展。 自“文化大革命”开始，在城市建设和规划领域，中央政府主管城市建设与规划的部门停止了工作，许多相关机构被撤销，大批知识青年上山下乡，干部下放农村，大量城市规划图纸资料被销毁，城市规划受到毁灭性打击。
	第三阶段（1978—2018）城市规划工作重新走上正轨	1978 年 3 月，国务院召开第三次城市工作会议，制定了《关于加强城市建设工作的意见》，城市规划工作重新走上正轨。这一时期是中国城市规划迅速发展阶段，可以称为开放式的规划时期，是中国内地城市规划的“第二个春天”。这个时期横跨 40 年，我国的城乡规划事业得到了极大的发展。20 世纪 80 年代，全国多地城市编制了城市总体规划，《城市规划法》于 1989 年 12 月 26 日经全国人大常委会讨论通过，至此，我国建立了自己的城市规划管理体制和制度；20 世纪 90 年代，在建立社会主义市场经济的目标被提出后，我国逐渐进入了新的转型期，面对新的社会形态，我国的城市规划始终保持着与时俱进的姿态；随着社会经济发展，中国的城乡发展不平衡已经制约了经济的均衡发展，2005 年，党的第十六届五中全会首次提出建设社会主义新农村，城市规划工作者进行了大量的城乡规划实践；2008 年，《城乡规划法》的实施，标志着我国正在打破建立在城乡二元结构上的规划管理制度，进入城乡统筹规划时代。
	第四阶段（2019— ）城乡规划转型阶段	中共中央、国务院《关于建立国土空间规划体系并监督实施的若干意见》（以下简称《意见》）于 2019 年 5 月正式出台，空间规划改革的大幕已经拉开。将主体功能区、土地利用规划、城乡规划等空间性规划融合为统一的“国土空间规划”，实现“多规合一”。国土空间规划是城乡规划实践的重要领域，城乡规划进入一个新阶段。

(2)城乡规划的主要内容认知

<table>
<tr>
<td>城乡规划阶段划分</td>
<td colspan="3">根据《中华人民共和国城乡规划法》第二条,城乡规划包括:城镇体系规划、城市规划、镇规划、乡规划和村庄规划。城乡规划分为总体规划和详细规划两个阶段。详细规划分为控制性详细规划和修建性详细规划。 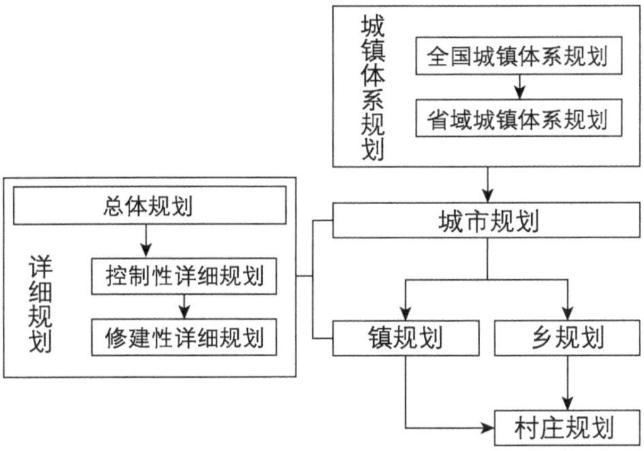

图 1-9　原城乡规划体系示意图</td>
</tr>
<tr>
<td rowspan="5">城乡规划各阶段主要工作</td>
<td>城乡规划阶段</td>
<td colspan="2">主要工作</td>
</tr>
<tr>
<td>全国城镇体系规划</td>
<td colspan="2">根据资源环境承载能力优化城镇布局和形态,明确全国城镇体系布局结构,确定主要城市的规模、功能定位,引导人口有序流动;研究重大区域发展战略的空间落地,引导城市群协同发展;提高城镇建设质量,推动城乡发展一体化和公共服务均等化;强化资源环境底线,加强空间开发管制;健全规划实施机制,强化规划约束性,加强规划实施管理。</td>
</tr>
<tr>
<td>省域城镇体系规划</td>
<td colspan="2">明确全省、自治区城乡统筹发展的总体要求;明确资源利用与资源生态环境保护的目标、要求和措施;明确省域城乡空间和规模控制要求;明确与城乡空间布局相协调的区域综合交通体系;明确城乡基础设施支撑体系;明确空间开发管制要求;明确对下层次城乡规划编制的要求;明确规划实施的政策措施。</td>
</tr>
<tr>
<td rowspan="2">城市规划</td>
<td>城市总体规划</td>
<td>综合研究和确定城市性质、规模和发展方向,统筹安排城市各项建设用地,合理配置城市各项基础设施,处理好远期发展和近期建设的关系,指导城市建设和合理发展。</td>
</tr>
<tr>
<td>控制性详细规划</td>
<td>以地块的用地使用控制和环境容量控制、建筑建造控制和城市设计引导、市政工程设施和公共服务设施的配套,以及交通活动控制和环境保护规定为主要内容,并针对不同地块、不同建设项目和不同开发过程,应用指标量化、条文规定、图则标定等方式对各控制要素进行定性、定量、定位和定界的控制和引导。</td>
</tr>
</table>

城乡规划各阶段主要工作	城市规划	修建性详细规划	是以城市总体规划、控制性详细规划为依据，制订用以指导各项建筑和工程设施的设计和施工的规划设计。
		镇（乡）规划	综合研究镇域镇村体系，合理确定城镇性质、规模和空间发展形态；统筹安排城镇各项建设用地，合理配置城镇各项基础设施，处理好远期发展与近期建设的关系，指导城镇合理发展。
		村庄规划	村庄规划应当从农村实际出发，尊重村民意愿，体现地方和农村特色。村庄规划的内容应当包括：规划区范围，住宅、道路、供水、排水、供电、垃圾收集、畜禽养殖场所等农村生产、生活服务设施、公益事业等各项建设的用地布局、建设要求，以及对耕地等自然资源和历史文化遗产保护、防灾减灾等的具体安排。

1.2 国土空间规划基本概述

知识目标

熟悉空间规划的基本概念；认知国土空间规划的体系结构。

知识引入

现代意义上，国土空间规划的实践和理论探索是从20世纪20年代才开始的。当时西方国家普遍陷入了严重的经济危机，工厂纷纷倒闭，城市人口大量失业和外流，单一的城市规划已经无法满足经济社会振兴的需要，于是人们纷纷开始寻找以区域为整体对象的国土空间规划作为治国振兴之策。整体性是国土空间规划的本体，其存在的价值和意义就在于它的整体性。国土空间规划绝不是简单的城市规划、土地利用规划或主体功能区规划的延伸，也不是简单的“多规合一”产物，而是“区域整体”的谋划，是一种全新的规划类型。整体是构成一个事物的相关局部的总和，但不能误解为独立的、自我的、先验的局部之和。其中误解的重要原因就在于现有的认知逻辑基本上是线性逻辑，如演绎逻辑和归纳逻辑等，比如认为先有局部再有整体。但从全息方法论看，局部是整体的局部，脱离了整体就不是这个局部，整体和局部之间本质上是一种彼此确认的同时性逻辑。不能简单地把“整体”理解为“全部”，因为对“全部”的意识本质上是一种整体割裂后的拼贴。例如，把不同美女的五官和肢体拼贴在一起，并不能生成更有魅力的生命。“机器运行”“时钟运转”和“自然界运动”也都是同样的逻辑。事实上，“多规合一”只是国土空间规划的基础，后者有其自身的“整体关系链”和特定的结构功能，不能将国土空间规划等同于“多规合一”。

2016年,中央颁布《生态文明建设实施总体方案》,提出构建空间规划体系。十九大再提空间规划体系。随着2018年3月中央机构推行改革,空间规划归于新组建的自然资源部。2019年1月23日下午,中共中央总书记、国家主席、中央军委主席、中央全面深化改革委员会主任习近平主持召开中央全面深化改革委员会第六次会议并发表重要讲话。会议审议通过了《关于建立国土空间规划体系并监督实施的若干意见》,并于2019年5月23日正式印发。国土空间规划工作至此全面启动。

1.2.1 国土空间规划的基本概念

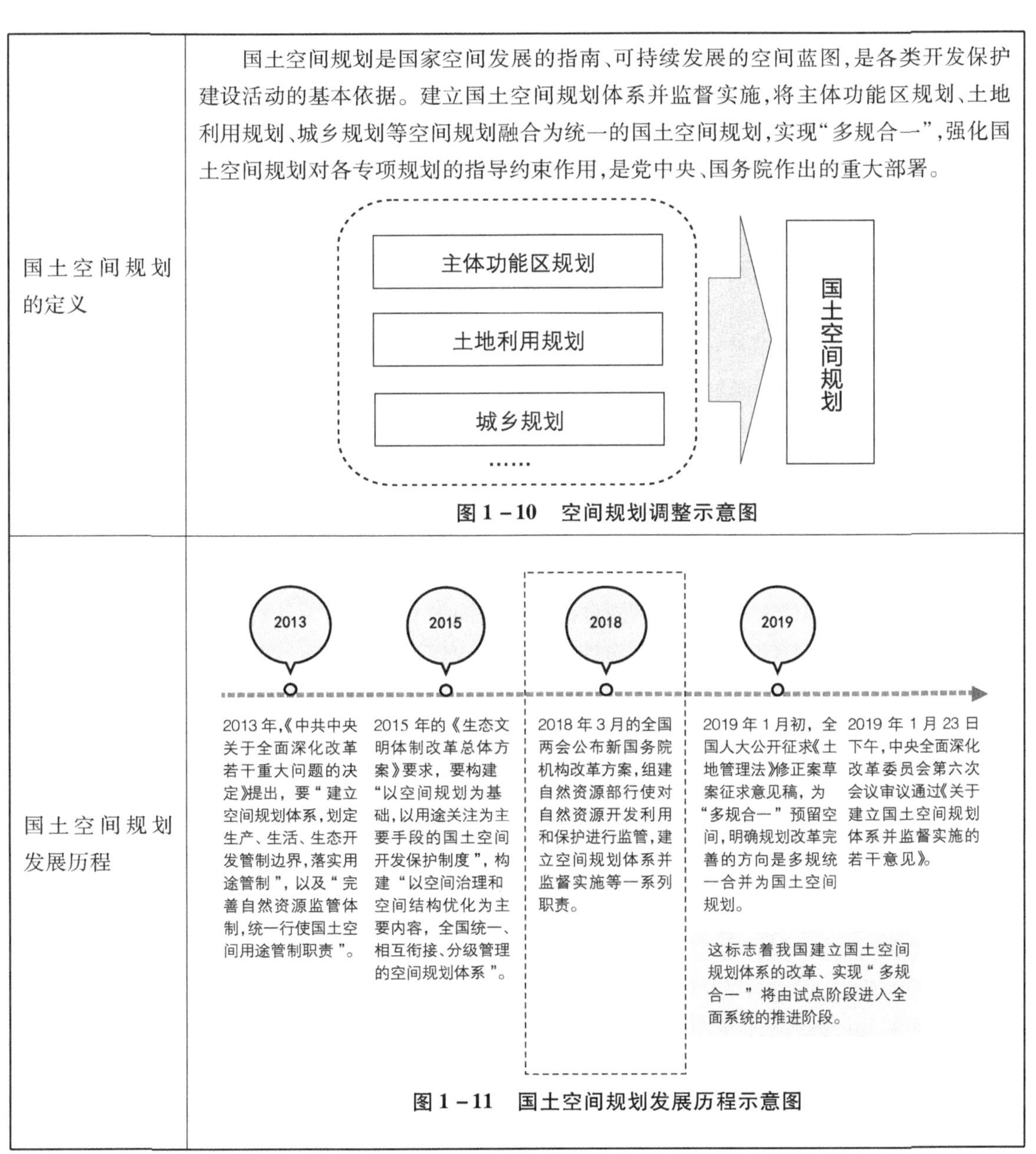

国土空间规划的定义	国土空间规划是国家空间发展的指南、可持续发展的空间蓝图,是各类开发保护建设活动的基本依据。建立国土空间规划体系并监督实施,将主体功能区规划、土地利用规划、城乡规划等空间规划融合为统一的国土空间规划,实现"多规合一",强化国土空间规划对各专项规划的指导约束作用,是党中央、国务院作出的重大部署。 图1-10 空间规划调整示意图
国土空间规划发展历程	图1-11 国土空间规划发展历程示意图

1.2.2 国土空间规划体系总体框架

国土空间规划体系总体框架结构	根据2019年1月《关于建立国土空间规划体系并监督实施的若干意见》中要求，国土空间规划体系总体框架结构可以概括为“五级三类，四体系”。其中：“五级”为国土空间规划编制层级；“三类”为国土空间规划中的规划编制类型；“四体系”为规划体系分为四个子体系。
国土空间规划体系（“四体系”）	国土空间规划体系包括四个子体系，即规划编制审批体系、实施监督体系、法规政策体系、技术标准体系。其中，规划编制审批体系和实施监督体系包括从编制、审批、实施、监测、评估、预警、考核、完善等完整闭环的规划及实施管理流程；法规政策体系和技术标准体系是两个基础支撑。 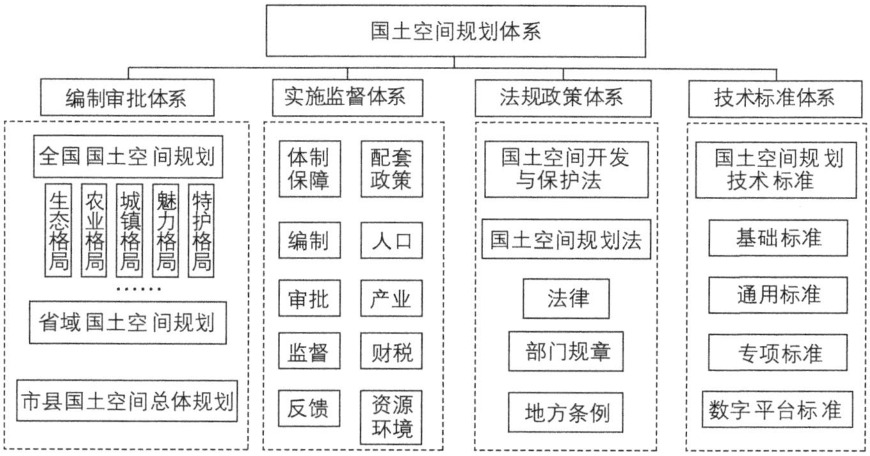 **图1－12　国土空间规划体系示意图**
国土空间规划的层级关系和编制类型（“五级三类”）	国土空间规划的层级分为：全国国土空间规划、省级国土空间规划、市级国土空间规划、县级国土空间规划和乡镇国土空间规划，总共五级；国土空间规划的类型有：国土空间总体规划、详细规划和专项规划，总共三类。 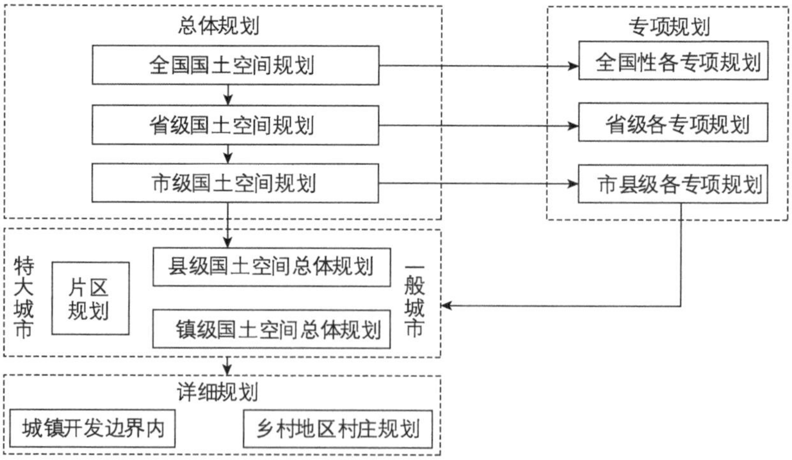 **图1－13　国土空间规划的层级关系和编制类型示意图**

2 市县国土空间总体规划编制工作认知

2.1 市县国土空间总体规划基础

知识目标

认知国土空间总体规划的编制程序；了解国土调查的主要工作内容和成果形式；了解“双评价”和主要空间规划实施评估的工作内容。

知识引入

市县国土空间总体规划是对市县国土空间开发保护的总体安排和综合部署，是制定空间政策和实施规划管理的蓝图，是编制相关专项规划和详细规划的依据。研究对象是国土空间开发保护格局，研究范围是市县行政辖区。

在面向生态文明建设、以人民为中心、引导高质量发展的总体目标下，市县国土空间总体规划需兼顾落实上级要求和保障改善民生，协调发展与保护、自然与人文的关系。

为贯彻《中共中央国务院关于建立国土空间规划体系并监督实施的若干意见》，落实《自然资源部关于全面开展国土空间规划工作的通知》（自然资发〔2019〕87 号），规范市县国土空间规划编制工作，提高规划的科学性和可操作性，根据相关法律法规和技术标准，自然资源部正式发布《市县国土空间总体规划编制指南》。指南规定了市（地）级和县级国土空间总体规划的定位、任务、编制要求等主要内容。本指南适用于市（地）级和县级国土空间总体规划（以下简称市县规划）的编制。

2.1.1 市县国土空间总体规划编制程序

（1）规划定位

> 市县国土空间总体规划是本级政府对上级国土空间规划要求的细化落实，是对行政辖区内国土空间开发保护活动作出的具体安排，侧重实施性，是编制相关专项规划和详细规划的依据。

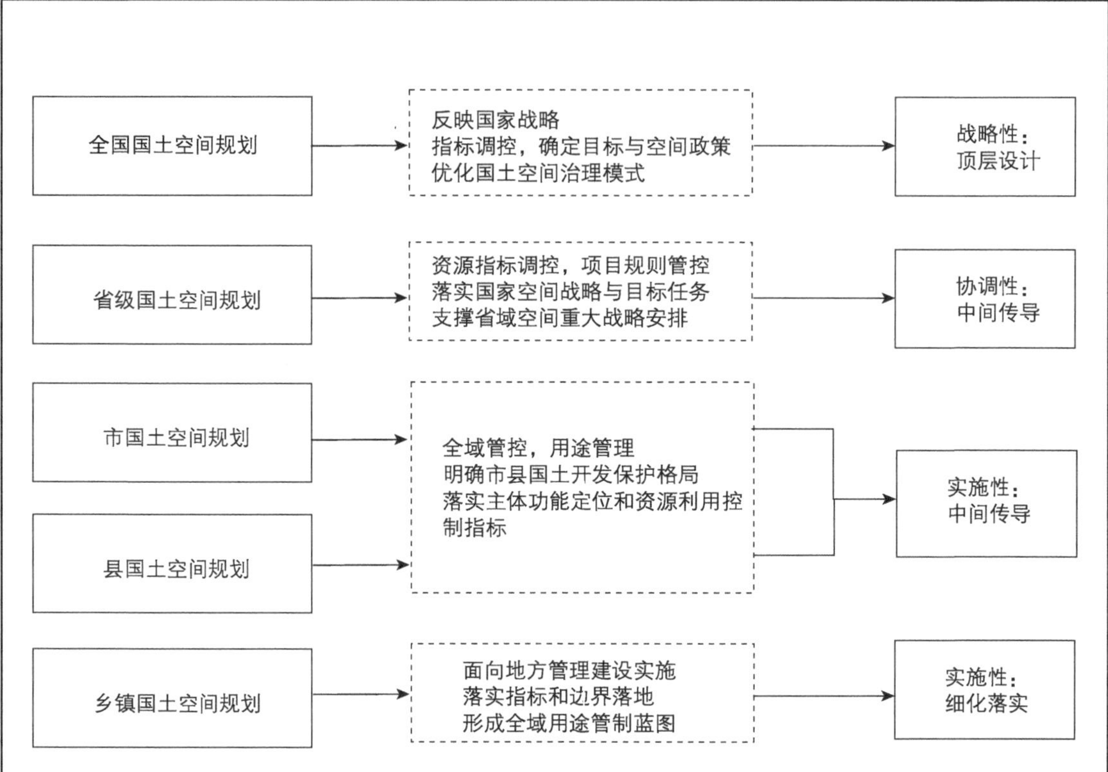

图1－14　国土空间规划的各层级规划定位示意图

在实际编制工作中：

①市级和县级国土空间规划规划定位基本相同，内容相近，侧重点有所差异；

②可根据实际，市级和县级国土空间规划规划可与乡镇国土空间规划合并编制，协同划定生态保护红线、永久基本农田红线、城镇开发边界（以下简称“三条控制线”）。

超星学习通：

《资源环境承载能力和国土空间

开发适宜性评价技术指南（试行）》

(2)编制原则

底线约束、绿色发展	坚持保护优先、集约节约,在资源环境承载能力与国土空间开发适宜性评价的基础上,优先划定不能进行开发建设的空间范围,严格落实上级规划的管控性要求和约束性指标,严守生态安全、国土安全、粮食安全和历史文化保护线,推动形成绿色发展方式和生活方式。
以人为本、提升品质	坚持以人民为中心,优化国土空间功能和布局,统筹生产、生活、生态空间,增加开敞空间和公共活动空间,改善人居环境,实现高质量发展、高品质生活,把群众满意度作为衡量规划水平的标准。
同步推进、统筹协同	市县规划编制应同步推进,自上而下、上下联动;可根据实际,与乡镇国土空间规划合并编制,协同划定生态保护红线、永久基本农田红线、城镇开发边界(以下简称“三条控制线”)。坚持陆海统筹,确定海洋保护利用相关控制线;坚持城乡协同,推进城乡基本公共服务均等化;坚持区域联动,控制全域国土空间总体开发强度,促进都市圈、城市群有序发展。
多规合一、全域管控	落实主体功能区战略和制度,将各类空间性规划融合为统一的国土空间规划,实现海陆和城乡空间规划全域覆盖、全要素管控。将各相关专项规划叠加到统一的国土空间基础信息平台上,形成市县全域“一张图”。
因地制宜、分类指导	尊重规律,前瞻谋划,科学分析,根据自然禀赋、人文特色、不同地区发展阶段特征和需求,有针对性地开展规划编制工作。坚持问题导向和目标导向,鼓励规划“留白”,给地方留有弹性空间,确保规划能用、管用、好用。
多方参与、科学决策	按照“政府组织、专家领衔、部门合作、公众参与、科学决策”的工作组织方式,坚持落实责任、部门协同,坚持“开门编规划”,强化规划全过程公众参与,扩大公众和社会各界参与程度,不断完善公众参与制度,建立专家咨询机制,发挥不同领域专家的作用,提高规划科学决策水平。

(3)工作流程

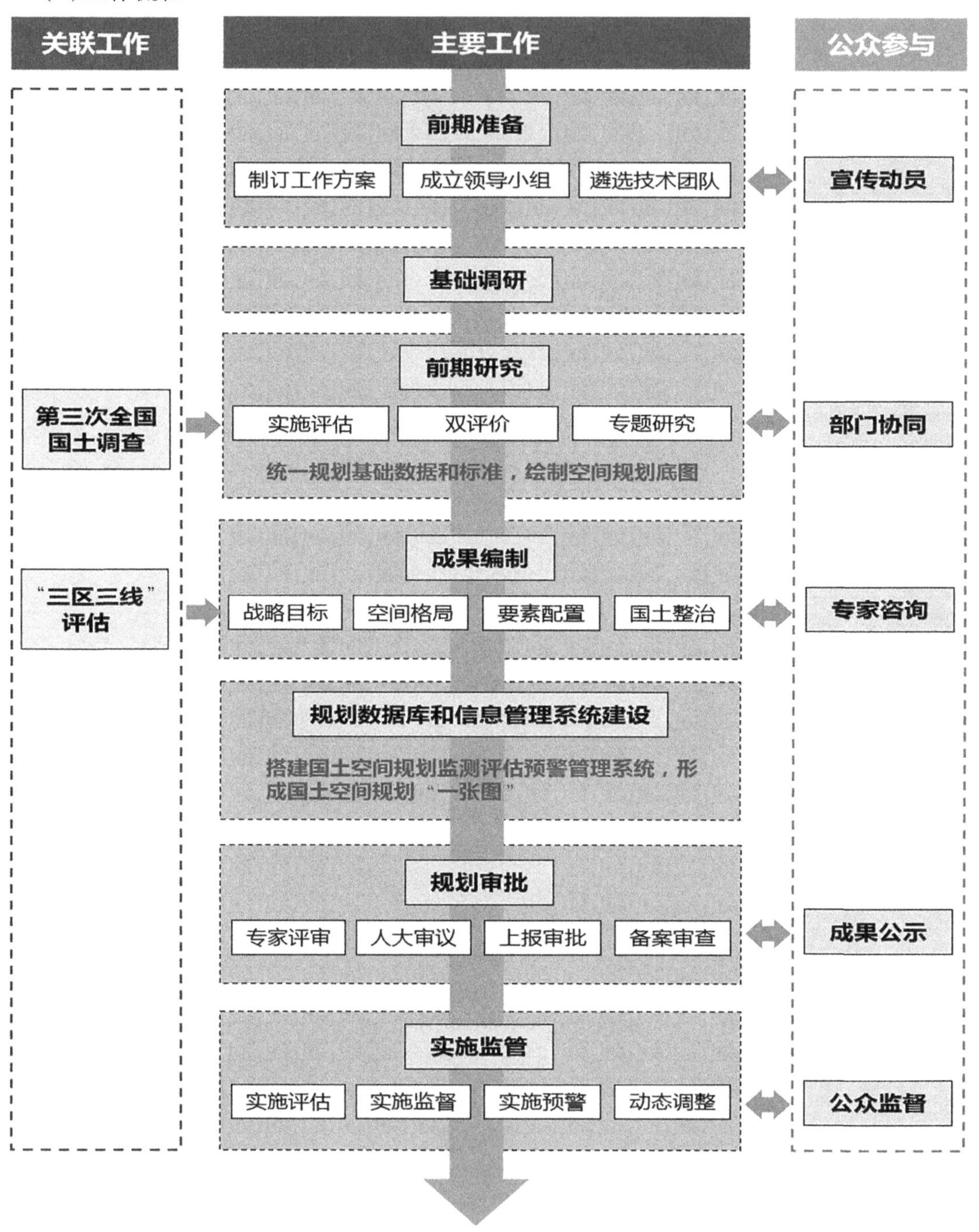

图1-15　市县国土空间规划编制工作流程图

①前期准备

制订工作方案:明确各部门职责分工、工作内容、进度安排,建立领导决策机制、组织编制机制和经费保障机制。规划编制和管理信息平台建设经费由同级财政安排。

成立领导小组：以市县党委和人民政府主要领导为组长、相关部门负责人为成员，组建规划编制领导小组。由自然资源主管部门牵头，联合多部门成立规划编制工作小组。

遴选技术团队：编制单位应同时具有城乡规划和土地规划相应资质等级，鼓励具有相应城乡规划、土地规划资质的单位联合编制。

②基础调研

全面摸清并分析国土空间本底条件和发展诉求，汇总形成基础资料汇编。

通过座谈、访谈，了解各部门、各行业发展问题与诉求（矢量数据）。

③前期研究

开展现行空间规划实施评估：对现行土地利用总体规划、城市总体规划、海洋功能区划等各类空间性规划的实施情况进行评估，对各市县落实主体功能区战略和制度情况进行评估。全面总结现行规划实施取得的主要成效和存在的突出问题，明确本次规划的重点。

开展“双评价”：开展资源环境承载能力和国土空间开发适宜性评价，同时，可结合地方实际和需求，进一步优化评价技术方法，完善本区域“双评价”成果，切实夯实规划编制基础。

开展重大专题研究：市县可根据区域特点、发展阶段和发展要求，以问题、目标和治理为导向，结合地方实际统筹开展其他重大专题研究，为规划成果编制提供支撑。

1	国土空间开发保护战略	8	区域协调发展
2	产业布局	9	城乡融合发展
3	公共服务保障	10	乡村振兴
4	自然资源保护利用	11	耕地和永久基本农田保护
5	土地资源节约集约利用	12	国土综合整治
6	水资源合理利用与配置	13	地方治理与规划运行保障
7	生态保护修复		

④规划编制

以专题研究结论为基础编制规划方案。

⑤规划数据库和信息管理系统建设

按照国土空间规划数据库标准，与规划编制工作同步建设规划成果数据库。

⑥规划审批

按规定走审查、报批流程。

⑦实施监督

规划获批后要及时公开，强化公众监督。以国土空间基础信息平台为基础，同步搭建国土空间规划监测评估预警管理系统。

2.1.2 国土调查认知

(1)国土调查的基本概念

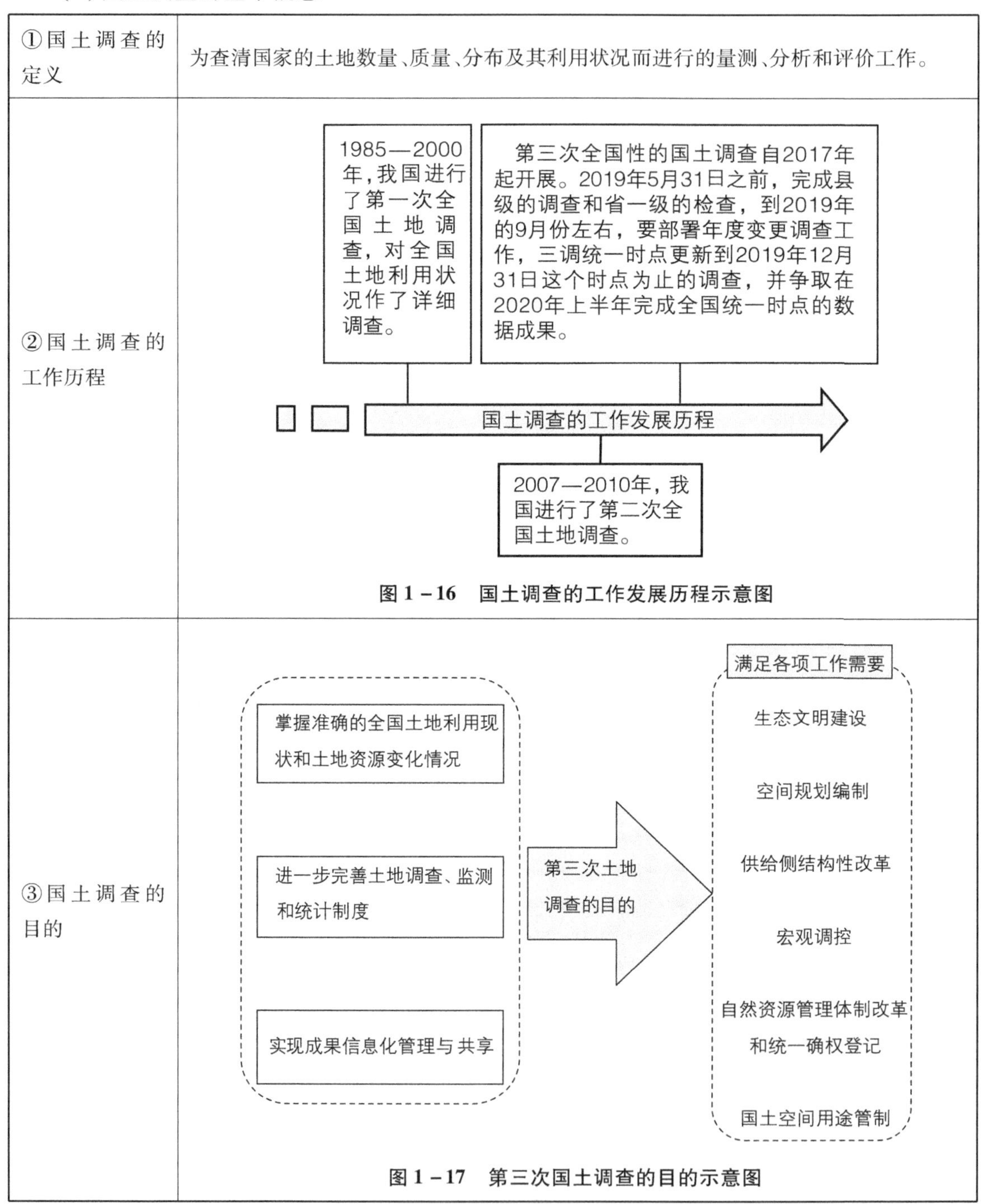

①国土调查的定义	为查清国家的土地数量、质量、分布及其利用状况而进行的量测、分析和评价工作。
②国土调查的工作历程	1985—2000年，我国进行了第一次全国土地调查，对全国土地利用状况作了详细调查。 第三次全国性的国土调查自2017年起开展。2019年5月31日之前，完成县级的调查和省一级的检查，到2019年的9月份左右，要部署年度变更调查工作，三调统一时点更新到2019年12月31日这个时点为止的调查，并争取在2020年上半年完成全国统一时点的数据成果。 国土调查的工作发展历程 2007—2010年，我国进行了第二次全国土地调查。 图1-16　国土调查的工作发展历程示意图
③国土调查的目的	掌握准确的全国土地利用现状和土地资源变化情况 进一步完善土地调查、监测和统计制度 实现成果信息化管理与共享 第三次土地调查的目的 满足各项工作需要 生态文明建设 空间规划编制 供给侧结构性改革 宏观调控 自然资源管理体制改革和统一确权登记 国土空间用途管制 图1-17　第三次国土调查的目的示意图

(2)国土调查的主要工作内容

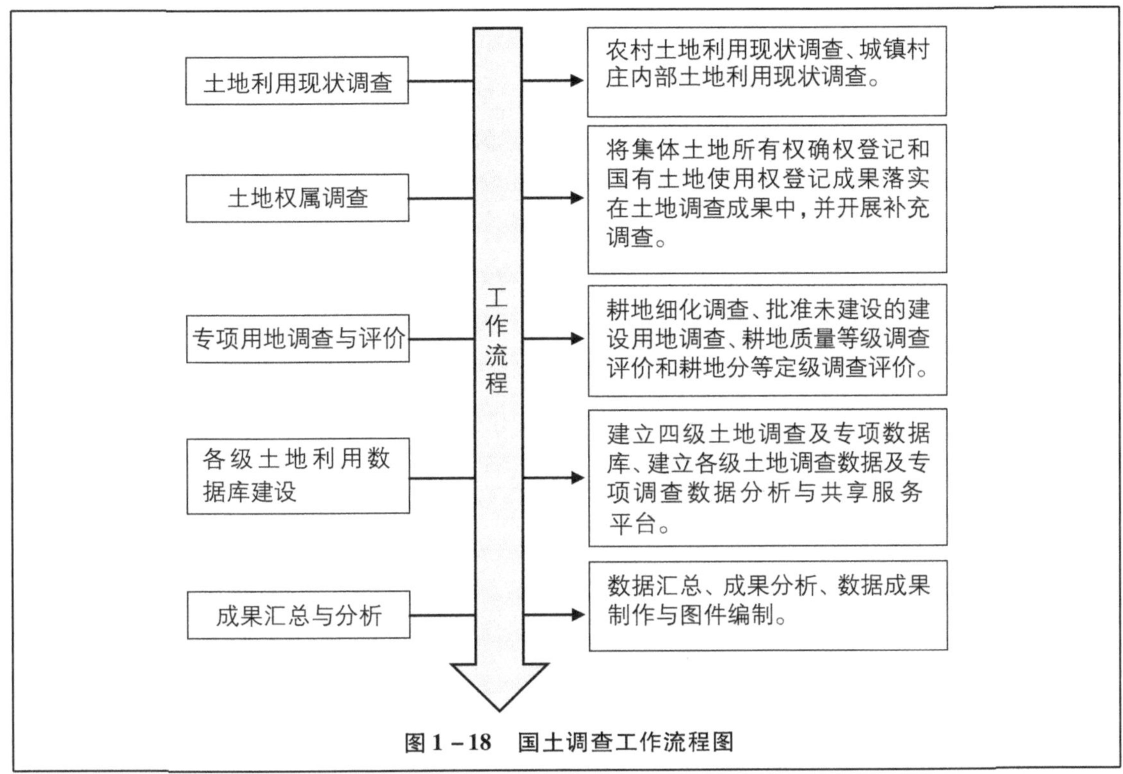

图1-18 国土调查工作流程图

2.1.3 “双评价”和规划实施评估

(1)“双评价”

①“双评价”的基本概念

“双评价”是指资源环境承载能力评价和国土空间开发适宜性评价。

资源环境承载能力	基于一定发展阶段、经济技术水平和生产生活方式,一定地域范围内资源环境要素能够支撑的农业生产、城镇建设等人类活动的最大规模。
国土空间开发适宜性	在维系生态系统健康的前提下,综合考虑资源环境要素和区位条件,特定国土空间进行农业生产、城镇建设等人类活动的适宜程度。

②“双评价”的目标和原则

目标	分析区域资源环境禀赋条件,研判国土空间开发利用问题和风险,识别生态系统服务功能极重要和生态极敏感空间,明确农业生产、城镇建设的最大合理规模和适宜空间,为完善主体功能区布局,划定生态保护红线、永久基本农田、城镇开发边界,优化国土空间开发保护格局,科学编制国土空间规划,实施国土空间用途管制和生态保护修复提供技术支撑,倒逼形成以生态优先、绿色发展为导向的高质量发展新路子。

<table>
<tr><td rowspan="4">原则</td><td>生态优先。以习近平生态文明思想为指导，突出国土空间的生态保护功能，识别生态系统服务功能极重要、生态极敏感区域，确保生态系统完整性和连通性。在坚守生态安全底线的前提下，综合分析农业生产、城镇建设的合理规模和布局。</td></tr>
<tr><td>科学客观。体现尊重自然、顺应自然、保护自然的理念，充分考虑陆海全域国土空间生态、土地、水、气候、环境、灾害等资源环境要素，加强与相关专项调查评价结果的统筹衔接，定量方法为主、定性方法为辅，客观全面地评价资源环境禀赋条件、开发利用现状及潜力。</td></tr>
<tr><td>因地制宜。在强化资源环境底线约束的同时，充分考虑区域和尺度差异。各地特别是市县开展评价时，可结合本地实际和地域特色，因地制宜适当补充评价要素与指标，优化评价方法，细化分级标准。</td></tr>
<tr><td>简便实用。在保证科学性的基础上，精选最有代表性的指标。紧密结合国土空间规划编制，强化目标导向、问题导向和操作导向，确保评价成果科学、权威、好用、适用。</td></tr>
</table>

③“双评价”的主要评价内容

<table>
<tr><th>主要评价内容</th><th>单项评价</th><th>评价等级划分</th></tr>
<tr><td rowspan="2">生态保护重要性评价</td><td>生态系统服务功能重要性评价</td><td rowspan="2">极重要、重要、一般</td></tr>
<tr><td>生态敏感性评价</td></tr>
<tr><td>农业生产适宜性评价</td><td>土地资源、水资源、气候、环境、生态、灾害等单项评价</td><td>适宜、一般适宜、不适宜</td></tr>
<tr><td>城镇建设适宜性评价</td><td>土地资源、水资源、气候、环境、灾害、区位等单项评价</td><td>适宜、一般适宜、不适宜</td></tr>
<tr><td>承载规模评价</td><td colspan="2">基于现有经济技术水平和生产生活方式，以土地资源、水资源为约束，缺水地区重点考虑水平衡，分别评价各评价单元可承载农业生产、城镇建设的最大规模。</td></tr>
</table>

④“双评价”的技术流程

评价技术流程第一步为规范收集数据，整理汇总数据资料，构建评价基础数据库，所需数据包括基础地理、土地资源、水资源、环境、生态、灾害、气候气象等。基于层次分析法，根据主要评价内容所需要的单项因子，作单项评价，然后再空间叠加评价得出主要评价内容结果。最后综合分析，资源环境禀赋分析，总结资源环境比较优势和限制因素；问题和风险识别，识别以下空间冲突，预判未来变化趋势和存在风险；潜力分析，分析可开发为耕地的潜力规模和空间布局，以及现状耕地质量的提升潜力，分析可用于城镇建设的潜力规模和空间布局，以及现状城镇空间优化利用方向；情景分析，有条件地区，尤其是沿海、青藏高原及周边等重点地区，针对全球气候变化的不同情景，分析气候变化对土地资源、水资源、生态系统、自然灾害、陆海环境、能源资源、滨海城镇等的影响，研判变化趋势和重大风险，提出国土空间开发保护应对策略。

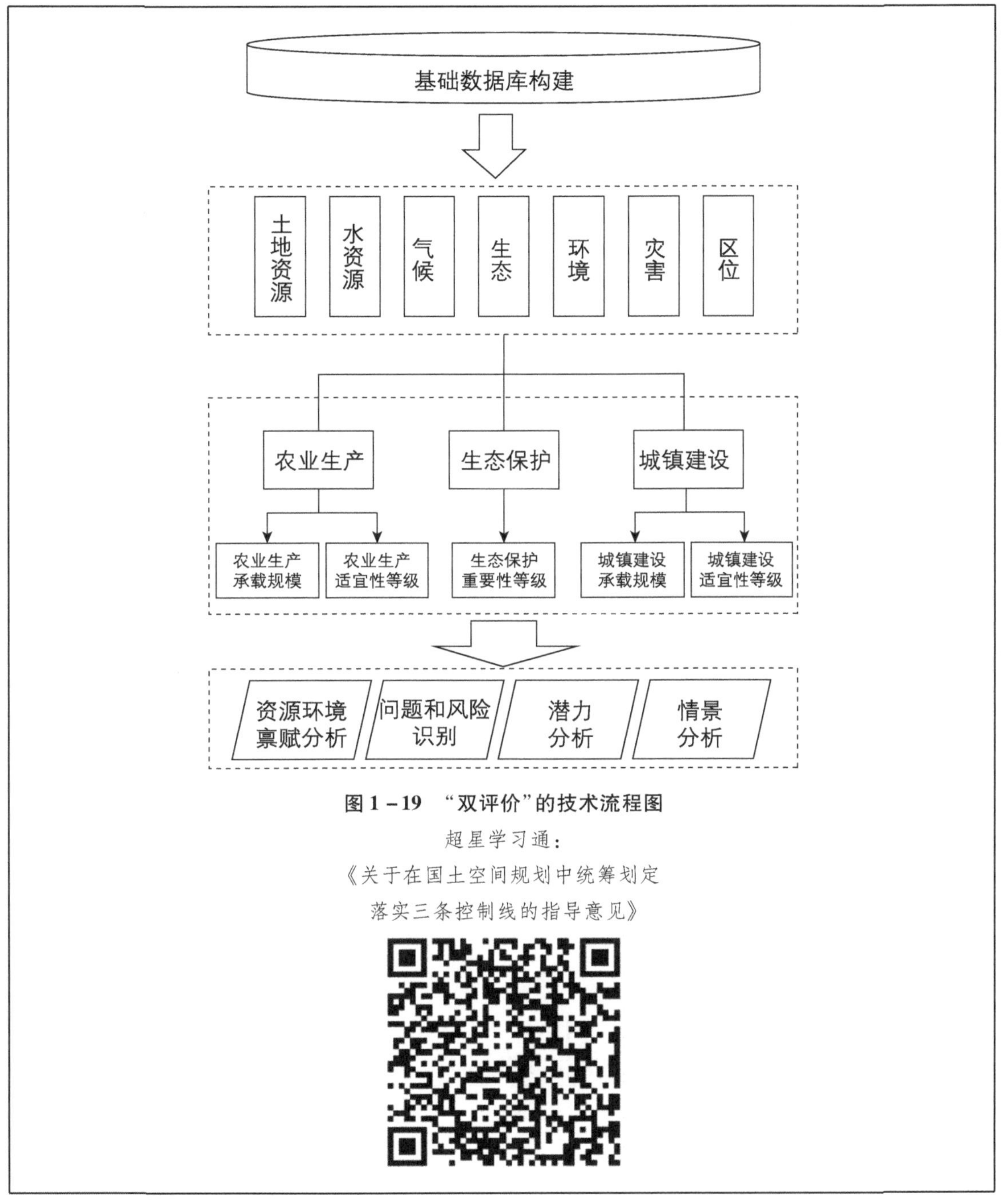

图1-19 “双评价”的技术流程图

超星学习通：
《关于在国土空间规划中统筹划定
落实三条控制线的指导意见》

(2)规划实施评估

编制市县空间总体规划前期应对涉及规划范围内的所有主要空间规划进行实施情况评估。

①评估的工作流程

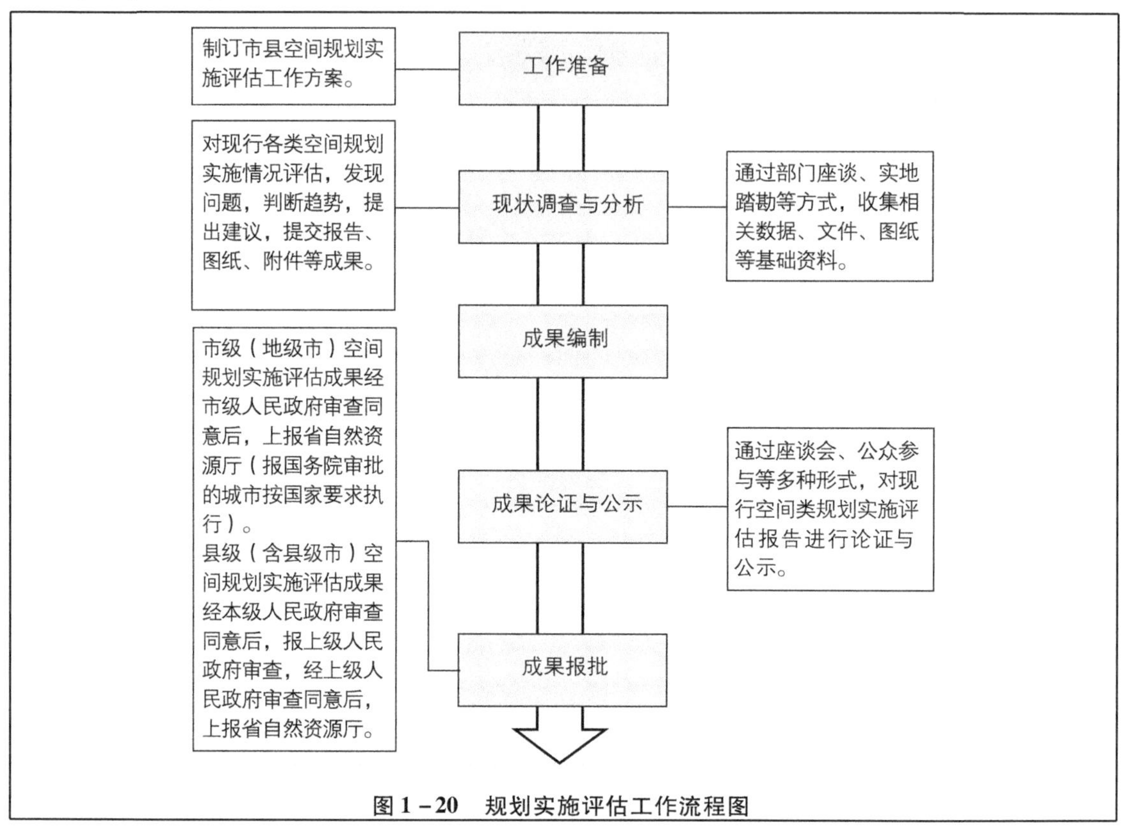

图1－20　规划实施评估工作流程图

②评估的主要工作内容

评估内容分项	评估要点	说明
现状概况		对当前市县域现状社会经济发展、土地利用、城乡建设等空间建设情况进行介绍分析。
现行各类空间规划回顾	1）现行主体功能区规划； 2）现行城市总体规划； 3）现行土地利用总体规划； 4）现行其他重要专项类空间规划。	
战略目标评估	1）发展定位； 2）发展战略； 3）目标指标。	土地利用总体规划评估指标主要包括：耕地保有量、基本农田保护面积、建设用地总规模、城乡建设用地规模、城镇工矿用地规模、新增建设用地总量、新增建设用地占用耕地、土地整理复垦开发补充耕地面积、人均城镇工矿用地面积和中心城区建设用地规模等。 城市总体规划评估指标主要包括：人均GDP、城镇化水平、市域人口规模、中心城区人口规模、城市用地规模和人均公园绿地面积等。

评估内容分项	评估要点	说明
城镇建设发展格局评估	1)市(县)域发展格局评估; 2)中心城区规划评估; 3)产业园区规划布局评估; 4)重点区域规划布局评估。	中心城区规划评估的主要内容包括:分析评估中心城区发展方向、人口和用地规模、空间结构、功能布局、组团布局、城市建设用地结构与布局、用地审批与供应、节约集约用地、实际建设与规划用地相矛盾等情况,结合区域经济社会发展实际,进行中心城区用地布局合理性分析。
耕地与基本农田保护评估	1)分析评估区域内的耕地与基本农田数量变化与质量分布情况; 2)分析区域耕地后备资源潜力和基本农田补划能力; 3)论述区域高标准基本农田建设任务完成情况; 4)重点评估耕地和基本农田空间布局是否应进行调整; 5)全面分析市县耕地保护的主要成效与问题。	
空间管控评估	1)现行城市总规的生态控制线、城市开发边界、四线(绿线、蓝线、紫线、黄线)等空间管控情况; 2)现行土规的土地用途分区管控、建设用地空间管制情况,生态保护红线布局情况; 3)现行各类自然保护地的布局等情况。	
区域发展的新形势与新要求分析	1)外部发展环境分析; 2)地方发展诉求分析。	
其他专项类规划评估	1)历史文化名城保护情况评估; 2)风景名胜区保护情况评估; 3)其他评估。	其他评估包括:市(县)域综合交通运输体系规划、环境保护规划、生态功能区规划、林业发展规划、公共设施综合布局规划、给水设施规划、排水防涝设施规划、中小学校幼儿园布局规划、医疗卫生养老设施规划、旅游发展规划、流域治理规划等各部门主导的专项规划。
评估结论与建议	1)强制性内容执行情况; 2)总结规划实施成效; 3)查找主要问题; 4)提出建议与设想。	

2.2 市县国土空间规划方案编制认知

知识目标

认知市县国土空间规划的编制程序;熟悉市县国土空间规划的编制要求;熟悉市县国土空间规划编制要点的内容组成。

知识引入

近日,某县政府办公室印发《某县国土空间总体规划编制工作方案》。方案中明确了以下几点:

指导思想和总体目标:以习近平新时代中国特色社会主义思想为指导,牢固树立和贯彻落实新发展理念,坚持生态优先、绿色发展、安全发展、高质量发展,坚持以人为本、提升品质,坚持上下联动、协同推进,实现"多规合一",建立健全国土空间规划体系,提升国土空间治理能力,为我县创新发展、持续发展、领先发展提供有力支撑。

明确《某县国土空间总体规划》编制重点。明确提出2035年县域国土空间发展目标,确定各项约束性和引导性指标。确定县域国土空间保护、开发、利用、修复、治理总体格局,制定全域规划分区,明确准入规则,统筹划定"三条控制线",明确管控要求,合理控制整体开发强度。以国土空间规划统领产业发展、资源开发、基础设施建设、生态保护修复等,形成布局合理、集约高效、支撑得力、协调可持续的国土空间发展蓝图,促进全县科学发展、有序发展、高质量发展;建立统一数据库。整合目前已有的各类与国土空间规划相关的数据信息,统一采用2000国家大地坐标系作为空间基准,以第三次全国国土调查成果为基础,统筹考虑其他调查监测和规划成果,比较分析各类数据口径差异,完成各类专题数据空间处理、格式转换和坐标统一,建立统一的大数据库;开展重大专题研究。对全县空间发展战略、经济社会发展、国土空间格局优化、生态保护修复、国土综合整治、基础设施布局、城市更新、乡村振兴和配套政策创新等重大问题进行专题研究;对现行城市总体规划、土地利用规划、生态环保规划、林业规划、水利规划等实施情况进行评估,找出国土空间资源保护、利用和布局的主要问题及差异,分析原因,总结经验,为后续编制工作提供有力保障。

明确工作进度安排。准备阶段,召开全县国土空间规划编制工作动员会议,明确工作职责,分解落实工作任务;制订全县国土空间总体规划编制工作方案;将规划编制经费纳入财政预算;选取技术承担单位。资料收集及分析阶段,收集国土空间总体规划编制工作所需资料及基础数据,以第三次全国国土调查成果为现状基础数据,以地理国情普查、矿产等专项调查成果、遥感影像、地形数据为补充,进行分析研究。基础成果研究阶段,在系统分析和梳理数据资料及现行各类空间规划成果的基础上,针对规划编制过程中的关键问题,开展实施评估工作,进一步摸清状况、分析趋势、找准问题、查明原因、提出措施,形成规划评估报告;同步开展各项专题研究工作,并提出对规划成果有针对性、指导性的研究结论,形成系列专题研究报告集;全面开展"双评价"工作,形成"双评价"成果。规划成果编制阶段,提取和汇总基础成果的关键问题及研究结论,同步进行国土空间规划方案编制;明确国土空间开发、保护与整治的总体战略、目标任务、总体格局和空间管控等,完成规划文本、规划说明、规划图件及附件的编制，向省自然资源主管部门上报国土空间总体规划成果和试点经验总结报告；成果审查公示报批，坚持开门编规划，建立广泛的公众参与机制，调动社会力量参与规划编制，扩大公众和社会各界参与程度；按程序组织开展专家评审、县人大常委会审议、省级相关部门征求意见等工作；不同阶段的规划方案以多种方式进行公示；规划成果经省自然资源厅审查通过后，报省政府批准。

2.2.1 市县国土空间总体规划编制内容认知

（1）市县国土空间总体规划基本要求

规划定位	市县规划是本级政府对上级国土空间规划要求的细化落实，是对行政辖区内国土空间开发保护活动作出的具体安排，侧重实施性。
编制原则	1）底线约束、绿色发展；2）以人为本、提升品质； 3）同步推进、统筹协同；4）多规合一、全域管控； 5）因地制宜、分类指导；6）多方参与、科学决策。
规划范围	包括行政辖区范围的陆域和管辖海域。
规划期限	近期5年，远期10年，远景可展望至2050年。
编制主体	市县规划编制主体为市县人民政府。市县级自然资源行政主管部门应会同相关部门开展具体编制工作。

（2）方案编制

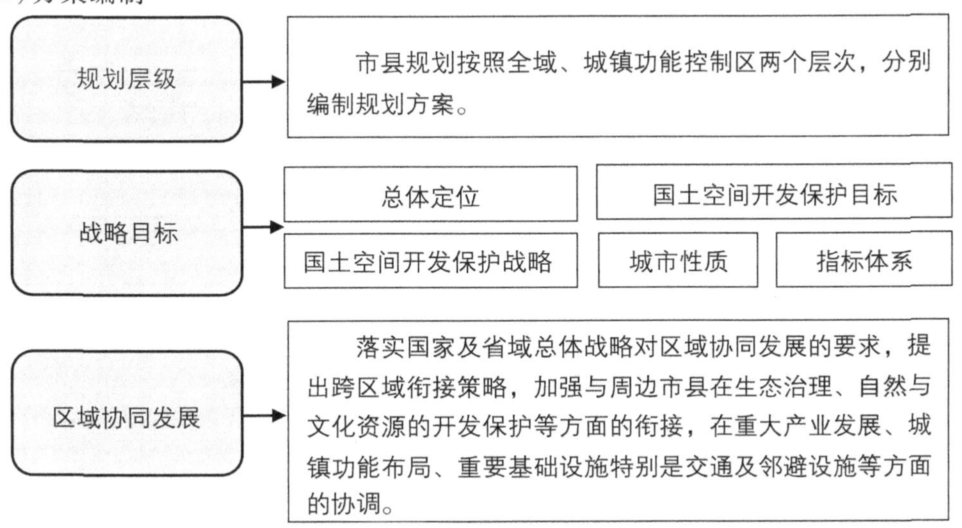

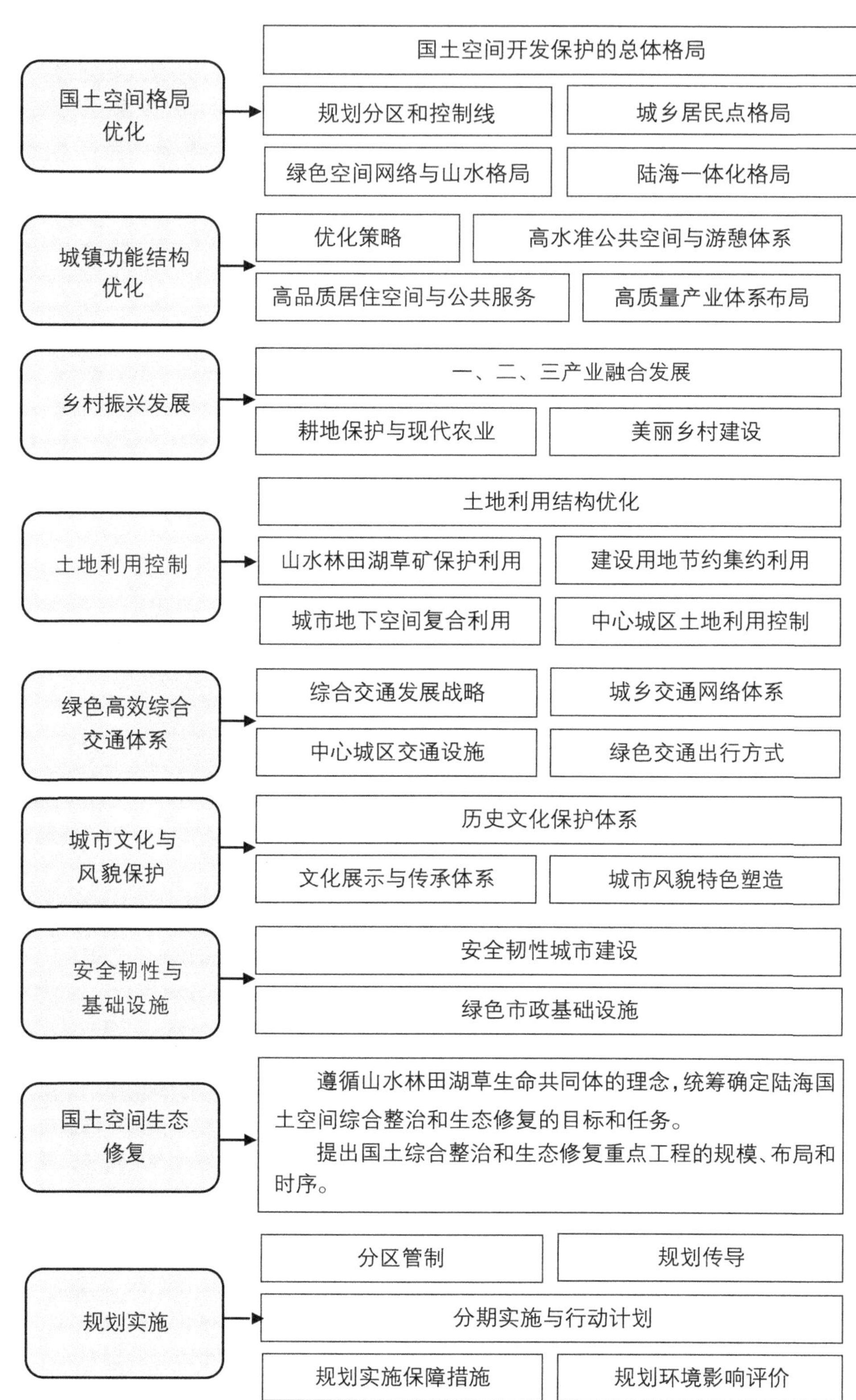

图 1－21　市县国土空间总体规划编制内容示意图

2.2.2 成果报批与应用

(1)成果要求

规划成果包括规划文本、规划图件、规划说明、信息平台及数据库、专题研究报告、其他材料等。

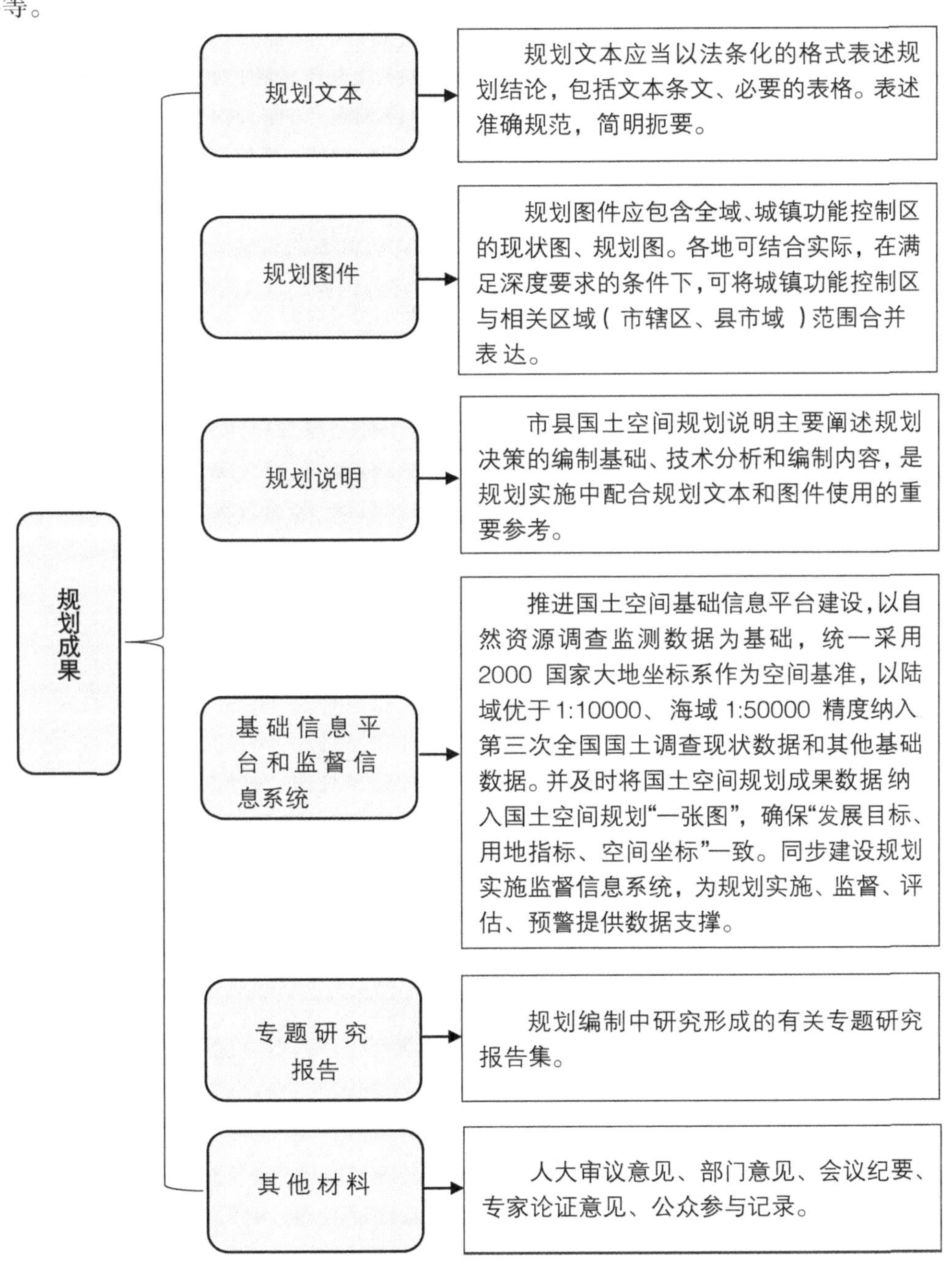

图 1－22　市县国土空间总体规划成果内容示意图

(2)成果审批、监测及调整

审批及公告	1)规划成果由规划编制工作小组组织专家论证,征求相关部门意见后,报本级人民政府审议。
	2)规划成果经同级人民代表大会审议通过后,逐级上报至省级人民政府审查批准;直辖市、计划单列市、省会城市及国务院指定城市的国土空间总体规划报国务院审批。
	3)规划成果中需上级政府审批的内容,由总体规划审批机关批准并监督实施;其他内容由市县人民政府批准,报上一级自然资源主管部门备查。
	4)规划成果经批准后,应对规划目标、规划期限、规划范围、规划批准机关和批准时间、违反规划的法律责任等内容,依法公告。
评估监测和预警	自然资源管理部门会同有关部门,定期对市县规划成果实施状况进行动态评估、监测和预警,构建出市、县域国土空间开发利用监测指标体系,评估市县规划主要目标、空间布局、重大工程等执行情况,以及下级总体规划、专项规划、详细规划的落实情况。 建立“一年一体检、五年一评估”的定期评估机制,健全资源环境承载能力监测预警长效机制。
规划成果的调整修改	根据规划评估结果,依法对市县规划进行调整修改。对规划战略目标、空间布局、功能分区等有重大修改的,须按规定程序报原规划审批机关批准;对不涉及规划主要目标及强制性内容修改的,可由本级人民代表大会审议批准,并报原规划审批机关备案。

第二篇
小城镇规划

1 小城镇规划基本概念

1.1 小城镇的界定与类型

知识目标

能够了解小城镇概念、不同类型以及小城镇的主要发展模式。

知识引入

我国行政区划分为四个层级：省级、地级、县级和乡镇级。每一层级的结构位于上一层级之内，形成了城镇层级体系，小城镇位于底层层级；从地域上讲，我国领土基本由近300个地级市和直辖市以及21000多个镇构成。

我们国家的小城镇大致可以分两大类：一类是从功能上分，服务于周边农民生产生活，城镇人口1万人以下的城镇。这样的小城镇在我们国家的21000多个镇里面占比达70%，它可以看作农村的中心，主要为农村提供商业服务和一些公共服务等，比如孩子读书、就医、购物等，或是邮局、银行等公共服务设施基本都在城镇，村民80%的商务活动和享受公共服务的活动都是在这类城镇之中；第二类是具备一定规模的工业、服务业等产业，人口规划在1万人以上的小城镇。在供水普及率、燃气普及率、垃圾污水集中处理率等方面，和同等规模的城市县城比，基本上处于同等档次水平，虽然这类城镇普遍在人均道路面积和人均绿地、道路用地等方面与同等规模的城市相比仍有一定差距，但从总体情况来看，我国这类的小城镇在发展速度、城镇化的推动能力等方面已全面超越同等规模的城市和县城。

总之在未来，小城镇将在我国新型城镇化、乡村振兴等国家战略中发挥重要作用，是实现就地就近城镇化的重要载体。

1.1.1 小城镇的界定

城镇：城镇是处于城乡连续体之中，介于城市与乡村之间，既具有城市的某些经济和社会特征，又与乡村保持着密切联系的社会经济综合体，即城镇是具有某些城市基本特征的农村经济区域中心。

小城镇：小城镇是介于城市和乡村之间的区域，它是把城市与乡村两个不同的区域有机地联系成为一个整体的纽带，既是城市之尾，又是乡村之首。它既是城市在乡村的延伸，又是乡村中的雏形城市。

我国小城镇主要有建制镇、一般镇和集镇三个概念。建制镇即“设镇”,是指经省、自治区、直辖市人民政府批准设立的镇,应作为行政建制“镇”的“镇区”部分的专称。三者主要区别如下表:

建制镇	一般镇	集镇
人口多,密度大	人口较多,密度低	人口少,密度低
城市建成环境	人工环境及自然环境	以自然环境为主
公共服务设施多	公共服务设施较多	公共服务设施少
自然生态环境较少	农牧林业相结合	农牧林业自然生态环境多
容积率较高	容积率适中	容积率较低
建筑风格现代化、均质化	建筑风格有一定特色	建筑风格较有地域特色
管理体系较完善	管理体系较差	管理体系不完善

小城镇模式三建制镇以及集镇包括县城关镇、县城以外建制镇和集镇,认为小城镇基本上是由传统的乡集镇发展而来的,与乡集镇之间无明显的界限,所以小城镇应包括集镇,而不应包括设市城市。本书中的“小城镇”是指正处于由“乡村性”集聚地向现代化城市转变的过渡性社区。

1.1.2 小城镇的类型

由于自然条件的分布特点和地质成矿规律的影响,不同种类、不同规模的自然资源地域会形成不同类型、不同规模的小城镇。

1. 按行政级别划分,可分为县所在地镇(城关镇)、乡镇、村镇。

2. 按辐射范围划分,可分为一级中心镇、二级中心镇、乡集镇、村镇。

3. 按小城镇空间布局划分,可分为中心集聚型、带状延伸型、方格网型、自由漫生型四种类型。

4. 按功能性质划分,可大致分为八种,具体如下。在实际情况中,一个小城镇往往兼具其中几种职能,城镇职能的预见对城镇规模预测、空间布局以及基础设施的配套都将起到引导作用。

工业型	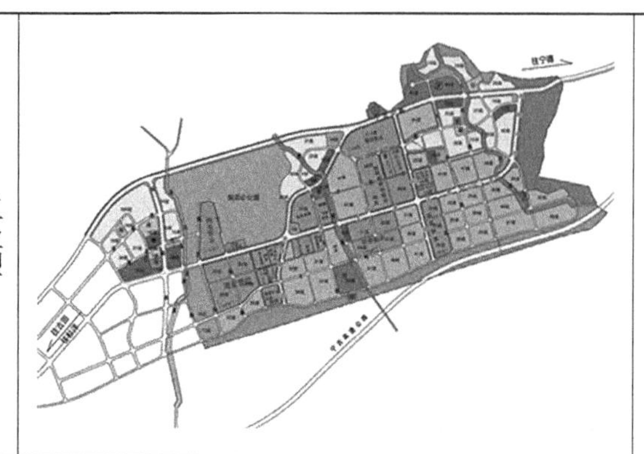	这类小城镇的特点是乡镇工业发达，基础设施较好，有的建立了工业小区，从而带动小城镇的建设，逐步发展成为工业城镇。如图中福建省宁德市蕉城区洋中镇工业用地3000亩，是典型的工业型小城镇。
城郊型	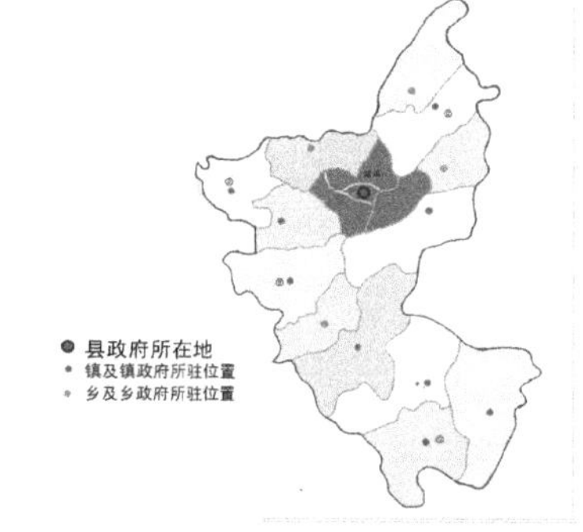	这类小城镇地处大城市近郊，具有优越的地理优势，借助大中城市的资金、技术设备和人才，发展从事拾遗补阙及服务型产业，以此带动小城镇的发展。如图中蔡集镇位于江苏省宿迁市中心城区西部8千米处，是城郊型小城镇。
集市型	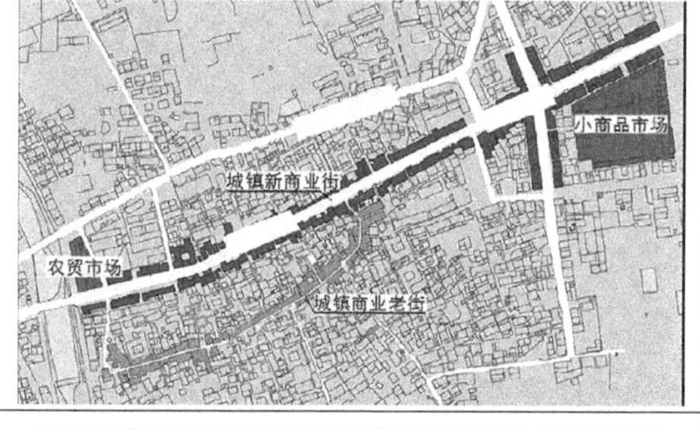	这类小城镇的特点是以“市”兴城，原有传统的商品集散地、集市贸易区有一定的基础，通过改善市场基础设施、拓展市场贸易范围、增大市场容量，进而发展成为以市场流通为主的区域性小商城。如图中浙江省台州市中天台县街头镇空间布局依附于城镇主干道的集市、商业街布置，形成集市型小城镇。
交通带动型	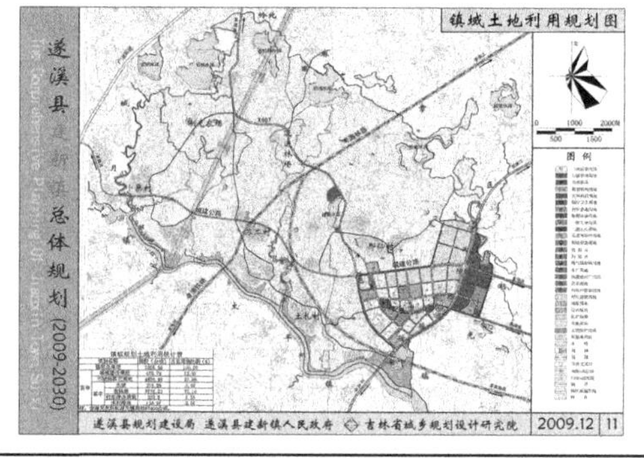	这类小城镇的特点是地处交通枢纽或沿海、沿线、沿路等交通便利的地区，利用流动人员多、运输成本低等条件，二、三产业发展迅速，进而发展成为以二、三产业为主的小城镇。如图中广东省湛江市遂溪县建新镇，交通优势明显，境内有铁路、高速、县道等多条过境道路通过，是交通带动型小城镇。

<table>
<tr>
<td>服务工矿型</td>
<td>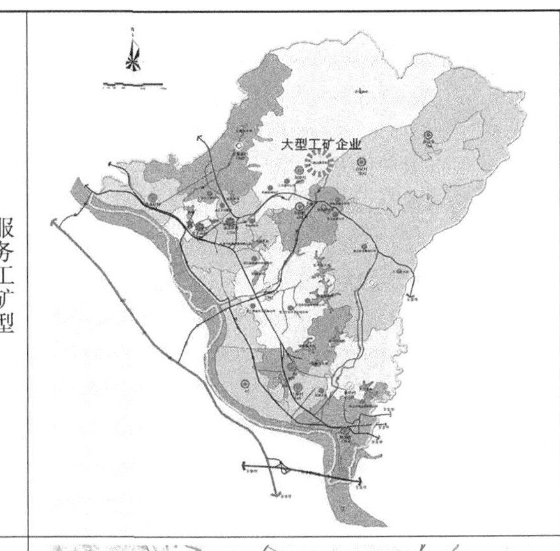</td>
<td>一些大中型工矿企业附近的乡村，通过大力发展为工矿企业服务的二、三产业，在服务的过程中，自身的基础设施和各项事业得以较快发展，形成服务工矿型的小城镇。如图中浙江省金华市兰溪市灵洞乡，境内有丰富的石灰石矿产资源，依靠石灰石矿的开采与水泥产业而兴起，是典型的服务工矿型小城镇。</td>
</tr>
<tr>
<td>乡村结合型</td>
<td></td>
<td>一些经济实力较强的村庄，有计划地扩大村庄建设规模，或与附近城市大工业挂钩，以强村为首，带动周围实力稍差的村庄与之合并，进而发展成为有自身特点的小城镇。如图中南马镇，隶属于浙江省金华市东阳市，规划以全国十大名村之一花园村为依托，是乡村结合型小城镇。</td>
</tr>
<tr>
<td>旅游型</td>
<td>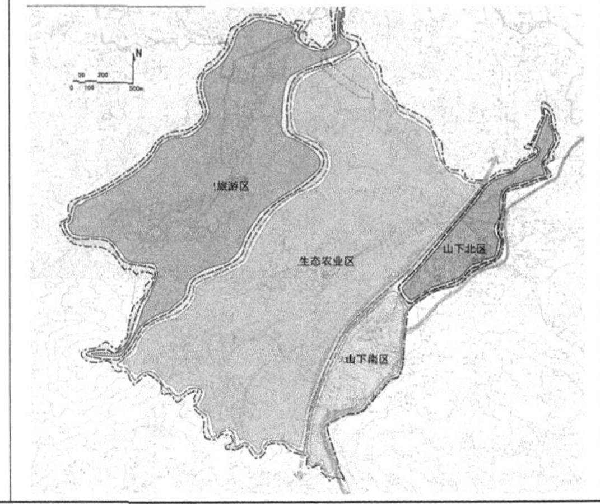</td>
<td>这类小城镇的特点是地处名胜古迹，旅游资源丰富，通过旅游资源的开发及其配套设施的建设而形成新兴的小城镇。如图中安徽省安庆市岳西县响肠镇，镇区内有清水寨起义纪念碑及古城墙等景点，是旅游型小城镇。</td>
</tr>
</table>

边境口岸型	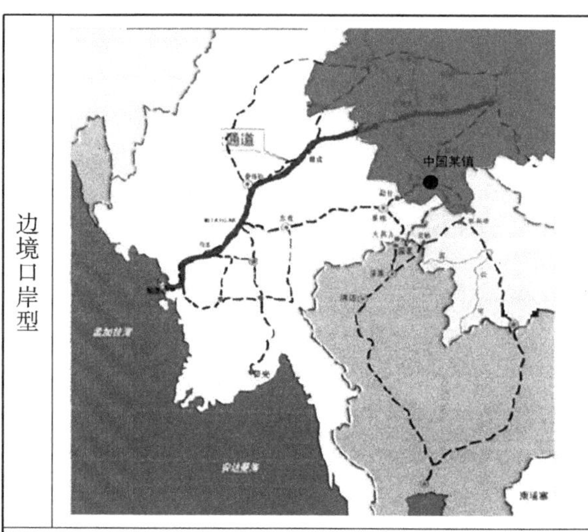	这类小城镇的特点是在边境线上与邻国发展民间贸易、进行物资交流的集散地，由于区位的特殊性，主要从事对外经贸联系，设置有国内商号、仓储设施等。如图中孟定镇地处云南省西南部，西与缅甸滚弄交界，是典型的边境口岸型小城镇。
注：此处示意图均来源于网络。		

1.1.3　小城镇的发展

小城镇发展的模式并不是唯一的，不同的小城镇具体采取什么样的发展模式，需依据当地的历史发展传统、现实发展环境、自然地理位置、经济基础、农业和工业发展现状、资源情况等各种条件因地制宜地去决定，概括起来主要有八种不同的发展模式。

行政管理职能型发展模式	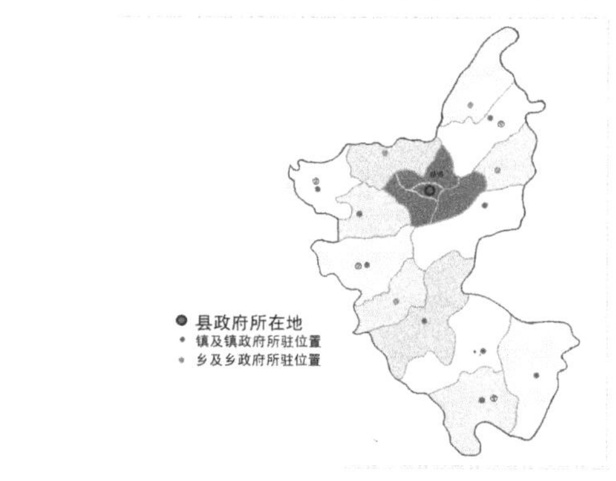	采取这种发展模式的小城镇一般必须具有较好的行政基础，各种行政设施齐全。例如，依托县城发展的城镇，依托乡镇政府所在地建立城镇，利用乡镇所在地的现有基础，大力发展第二、三产业，集聚人口，强化城镇的经济功能和社会服务功能，从而推进城镇化建设，是目前被广泛应用的一种模式。
大工业服务型发展模式	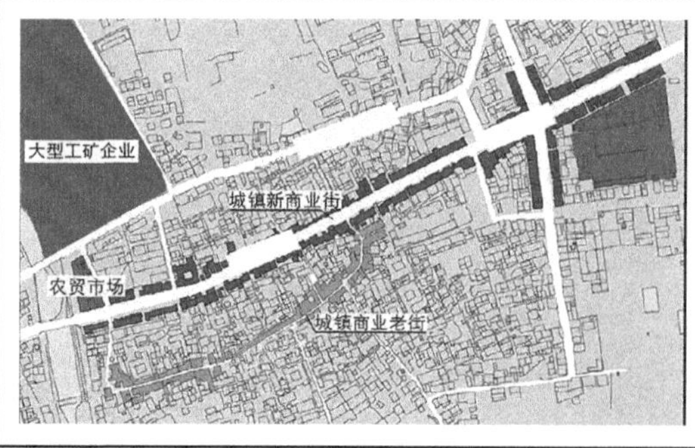	这种发展模式依托当地或周围的大型工矿企业，积极发展服务型产业，为大工业配套服务，同时又利用大型工矿企业的技术、资金、人才以及原材料或副产品，发展有特色的加工业。当地可以利用这一机会，大力发展第三产业，如商业饮食、修理、娱乐等，适时调整农业内部产业结构，兴办种养以及加工企业。

依托矿产资源型发展模式		这种发展模式的小城镇主要是充分利用当地丰富的自然资源，建立起自己的优势产业，以此推动小城镇的发展，从而形成支柱产业，并且以一业为主，多业并举。
商品流通指向型发展模式		即利用商品集散地的独特地理和历史传统优势，建立商品批发市场的小城镇发展模式。城镇凭借历史上曾是当地商品集散中心的传统优势，或者是以当地大量生产的某种特色的工农业产品为依托，建立流通范围广、辐射面积大的批发市场，以此为龙头带动小城镇建设的发展。在小城镇建设中，以中心市场为增长极，利用中心市场的集聚和辐射功能，建立大型批发市场，发展批发业。
特殊地理位置发展商品流通型发展模式		处于各县交界或省、市际边界的小城镇，可以大力发展商品流通，吸引来自四面八方的人力和财力，推动小城镇的发展。利用比较优势原理，进一步确立自己的产业优势，集中发展特色产业，冲破狭隘的地域限制，在尽可能广的范围内，集聚资金，推进小城镇建设。

<table>
<tr>
<td>小生产与大市场连接窗口型发展模式</td>
<td>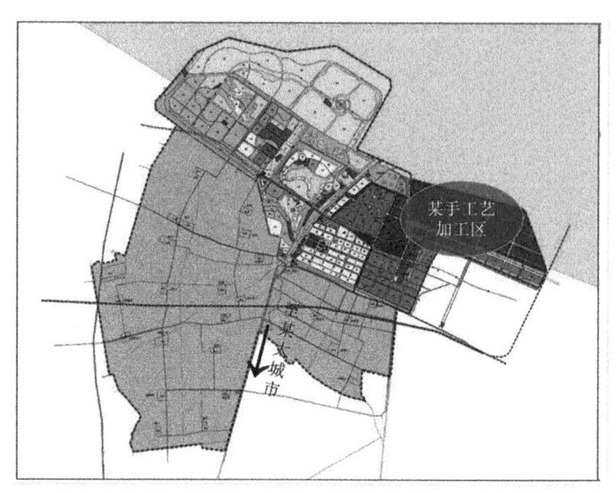
</td>
<td>采用这种模式是把当地有着深厚群众基础，又有广阔发展前景的小商品生产，通过小城镇的发展与国内、国际的大市场连接沟通起来。我国广大地区都有自己传统的手工业，如制陶、玉雕、刺绣等。这些传统手工业一般都是在农户中分散进行，自产自销。由于生产规模小，缺乏必要的市场信息指导，其经济效益还不能充分发挥出来。根据这一特点，兴建小城镇，将同种工艺的加工业集中在城镇发展，形成民间工艺品加工区。</td>
</tr>
<tr>
<td>为农副产品产前产中产后服务型发展模式</td>
<td>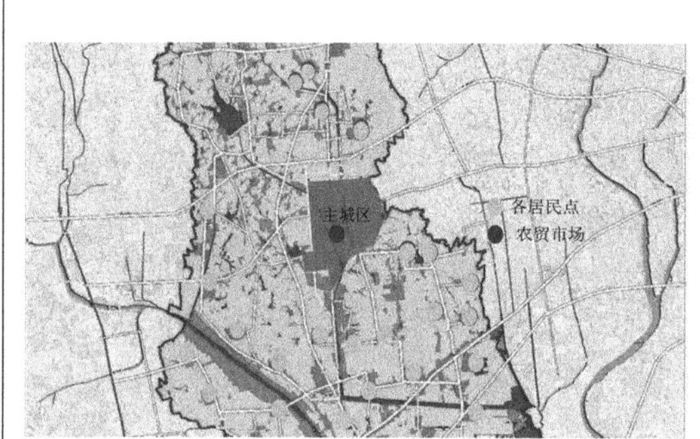
</td>
<td>这种模式是以小城镇为基础，为广大农村地区的农业生产提供信息、技术服务及加工服务。在这种模式下，小城镇依靠广大农村发展农贸市场，发展相关服务产业，成为该地的农副产品集散中心，因而其发展前景十分可观。</td>
</tr>
<tr>
<td>工贸结合型发展模式</td>
<td>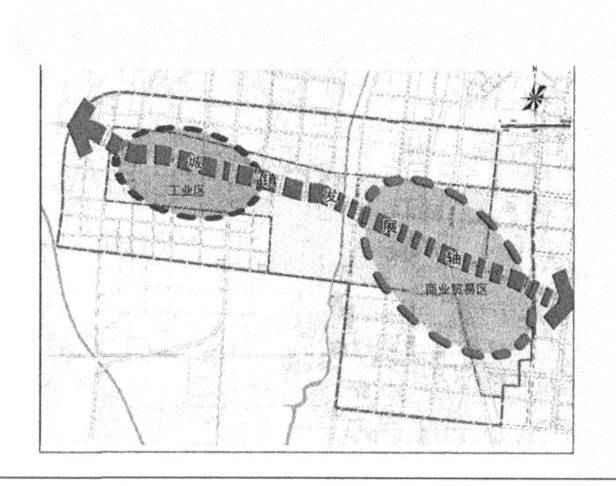
</td>
<td>采取这种发展模式的小城镇，一般必须具有较好的生产基础，产品有较强的竞争能力，能够形成市场优势，由此带动镇区内社会经济的发展，推动小城镇建设迈上新台阶。十几年来，中国腹地通过乡镇企业的发展，有些集镇已形成了比较雄厚的工业实力，其中有些产品已打入国际市场。在这种情况下，要大力推进市场建设，建立大型综合市场，走工贸结合的道路。</td>
</tr>
<tr>
<td colspan="3">注：此处示意图均来源于网络。</td>
</tr>
</table>

以上八种小城镇发展的模式，总体来说是从三个方面促进城镇建设，一是以工兴镇，二是以商兴镇，三是全面发展，有的小城镇还具有多种模式相融合的特色。具体到不同地区的小城镇，可依据自己的实际情况因地制宜地去选择适宜的发展模式。

1.2　城镇规划的编制与审批

知识目标

熟悉城镇规划组织、编制和审批的全过程。

知识引入

某A镇位于长沙、株洲、湘潭三市组成的城市群区域（以下简称：长株潭城市群）的东侧L县级市，镇域内主要交通有G106国道和B15县道，交通便利、地理区位优越。乡镇区划调整后，镇域内2020年总人口69358人，其中城镇人口14543人，总面积约为126.7平方千米，辖2个居委会、14个行政村。

为了进一步发展壮大某A镇的乡镇经济发展和城乡建设，协调和处理好L市与某A镇城乡统筹的各项关系，做到长株潭城市群和某A镇协同发展，某A镇政府特委托某某规划建筑设计院开展某A镇总体规划的编制工作。

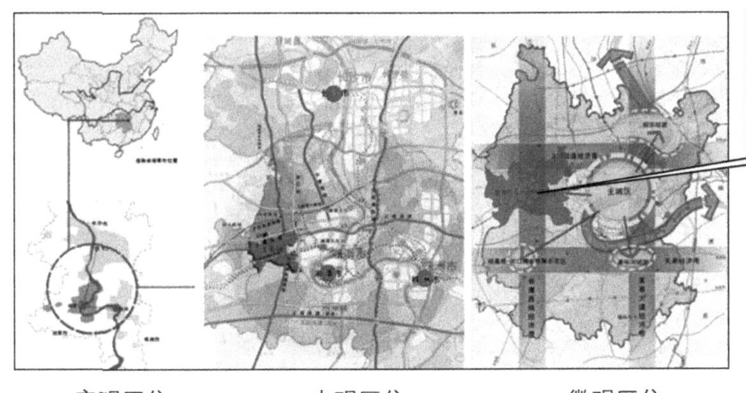

宏观区位　　中观区位　　微观区位

图2-1　某小城镇区位示意图

1.2.1　城镇的规划特点

城镇规划的特点	内容
①综合性的技术工作	城镇规划需要统筹安排城镇的各项建设，包括工业、农业、交通运输、生活居住、市政建设、公用设施、文教卫生、商业服务业、园林绿化等。
	城镇规划不仅反映单项工程设计的要求和发展计划，而且综合各项工程设计之间的关系，既为单项工程设计提供建设方案和设计依据，又要解决各单项工程设计之间技术和经济等方面的种种矛盾。

城镇规划的特点	内容
②政策性很强	城镇规划既关系到城镇中各项建设的战略部署，又关系到城镇居民物质和文化生活的组织，几乎涉及国民经济的每个部门。城镇规划中一些重大问题都关系到国家和地方的政策，如城镇的性质、规模、工业配置、居住面积定额等。
③具有地方性	城镇建设是一项地方性的事业，每个城镇各有不同的历史和发展条件，有不同的规划任务、内容和发展定位，景观、文化和建筑风貌也各异，这就要求在城镇规划中具体分析，因地制宜制订规划方案。
④长期性	城镇规划既要解决当前的建设问题，又要考虑今后的发展要求，因此城镇规划既要有现实性，又要有预见性。城镇的规划方案要随着城镇发展因素的变化而加以修改或补充，是一项长期性和经常性的工作。
⑤公开性	城镇规划经批准后，城镇人民政府应当公布，使广大人民群众和企事业单位可以直接了解、监督、执行规划。
⑥普遍性	城镇规划在一定的地域范围内，对任何人或企事业单位都适用。
⑦稳定性	城镇规划的编制和审批有着严格的程序，一旦批准就具有相对的稳定性。
⑧规范性	城镇规划是城镇规划区内的一切建设活动的依据，是单位和个人建设活动的行为准则。
⑨强制性	国家通过法律保障城镇规划的顺利实施，违反城镇规划的行为将受到法律的制裁。

1.2.2 城镇规划的依据和原则

(1)城镇规划的依据

城镇规划依据	具体内容
政策依据	①国家小城镇战略及社会经济发展对小城镇规划建设的宏观指导和相关要求； ②国家和地方对小城镇建设发展制定的相关文件； ③各省(自治区)、地(市、自治州)、县(市、旗)对本地区城镇的发展战略要求； ④地方政府国民经济和社会发展计划； ⑤地方政府《政府工作报告》； ⑥上级政府及相关职能部门对城镇建设发展的指导思想和具体意见。

城镇规划依据	具体内容
法律法规依据	①《中华人民共和国城乡规划法》(2019 修正版); ②《中华人民共和国土地管理法》(2019 修正版); ③《中华人民共和国环境保护法》(2014 修订版); ④《镇规划标准》(GB 50188—2007); ⑤《村镇规划卫生标准》(GB 18055—2012); ⑥各省(自治区)、地(市、自治州)、县(市、旗)村镇规划技术规定; ⑦各省(自治区)、地(市、自治州)、县(市、旗)村镇规划建设管理规定; ⑧各省(自治区)、地(市、自治州)、县(市、旗)村镇规划编制办法。
规划技术依据	①上一级城镇体系规划; ②相关区域性专项规划; ③相关城市总体规划; ④镇域土地利用总体规划; ⑤小城镇规划指标体系; ⑥其他各类规划设计规范及标准。

超星学习通:
城镇规划法规依据

(2)城镇规划的原则

①宏观指导性原则

城镇规划的宏观指导原则	内容
人本主义原则	充分利用现代文明成果,强调人文关怀,因地制宜建立适合人类生存与发展和谐的人居环境,构筑具有一定乡土特色和地域特色的小城镇社会经济与文化发展模式。
可持续发展原则	坚持综合、长期、渐进的可持续发展战略,实现人口、经济、社会、资源与环境的协调发展。
区域协同、城乡协调发展原则	在区域社会经济发展整体战略的指导下,谋求产业发展、人口分布、居民点建设、基础设施布点、生态环境改善的城乡有机整合,促进城乡经济、社会、文化相互渗透、相互融合,达成城市与乡村共生共荣、区域整体协调发展。
因地制宜原则	小城镇地区差异大,发展条件不同,要充分发挥特色优势,强化地域特色,采用适宜技术,走特色发展之路。
市场与政府调控相结合原则	按市场经济规律进行资源合理配置,充分提高土地利用效率。对城镇公益设施实现政府的有效调控,保证小城镇社会、经济、环境的综合协调发展。

②规划技术原则

城镇规划的技术性原则	内容
科学合理性原则	坚持科学理性,兼顾小城镇规划的价值合理和技术合理。
完整性原则	全面考虑各项规划影响因素,完善各项规划内容。
独特性原则	挖掘特色要素,强化地域特色。
灵活性原则	注重适应性,加大规划弹性,留有发展余地。
创新性原则	探索新方法,应用新技术,促进体制创新。
集约性原则	节约资源,提高效益,促进集约化发展。
连续性原则	尊重历史,尊重现状,近远期结合,滚动发展。
可操作性原则	着眼长远,立足现实;政策到位,措施得力;强化规划的可操作性。

1.2.3 小城镇规划的编制程序与审批

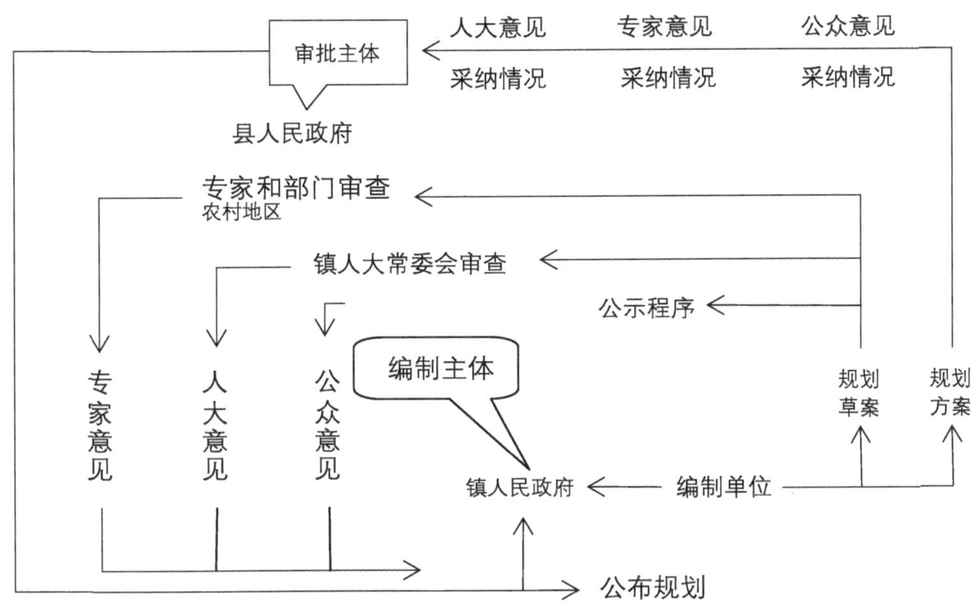

图 2-2 小城镇规划的编制程序与审批流程示意图

(1)编制主体

县人民政府所在地的镇总体规划由县人民政府组织编制,其他镇的总体规划由镇人民政府组织编制。

图 2-3 某小城镇规划的编制主要成果示意图(一)

(2)审批主体

县人民政府所在地镇的总体规划由县人民政府报其上一级人民政府审批,其他镇的总体规划由镇人民政府报其上一级人民政府审批。

(3)编制单位

丙级及以上资质的城乡规划编制单位可承担建制镇的总体规划编制工作。

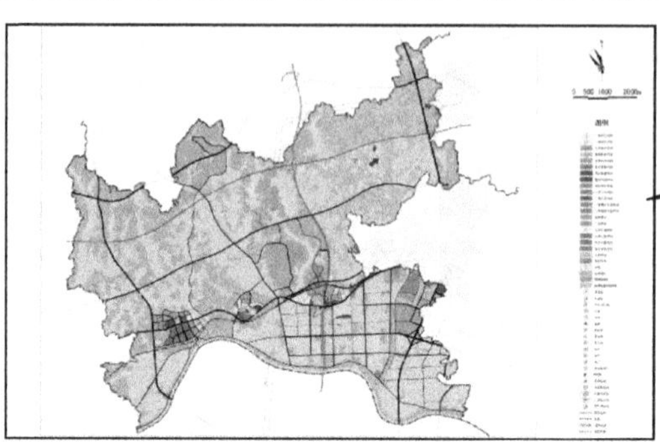

《湖南省湘潭市某A镇规划（2016—2020年）》由某A镇人民政府报湘潭市人民政府审批。

图 2－4　某小城镇规划的编制主要成果示意图(二)

城乡规划编制资质证书

证书编号　[illegible]　证书等级　甲级

单位名称　湘潭市规划建筑设计院

承担业务范围　业务范围不受限制

发证机关　[illegible]

（有效期限：自 [illegible] 年 [illegible] 月 [illegible] 日至 [illegible] 年 [illegible] 月 [illegible] 日）　[illegible] 年 [illegible] 月 [illegible] 日

中华人民共和国住房和城乡建设部印制

《湖南省湘潭市某A镇规划（2016—2020年）》由某某规划建筑设计院编制，某某规划建筑设计院为城乡规划编制甲级资质。

图 2－5　小城镇规划的编制单位规划资质示意图

(4)编制和审批程序

①为保证规划的公平、公开和公正，维护公众的利益，镇规划在报送审批前，组织编制机关应当依法将规划草案予以公告，并采取论证会、听证会或者其他方式征求专家和公众的意见。公告的时间不得少于 30 日。组织编制机关应当充分考虑专家和公众的意见，并在报送审批的材料中附具意见采纳情况及理由。

②镇总体规划在报上一级人民政府审批前，应当先经本级人民代表大会审议，审议意见和根据审议意见修改规划的情况应与规划成果一并报送审批。

③镇总体规划批准前，审批机关应当组织专家和有关部门进行审查。

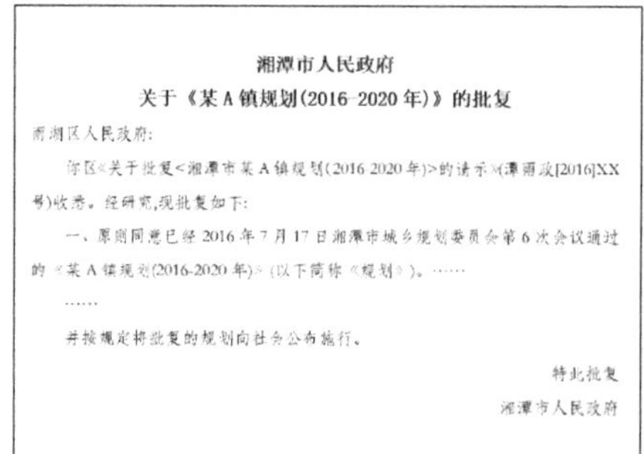

湘潭市人民政府

关于《某A镇规划(2016-2020年)》的批复

雨湖区人民政府：

你区《关于批复<湘潭市某A镇规划(2016-2020年)>的请示》(潭雨政[2016]XX号)收悉。经研究，现批复如下：

一、原则同意已经2016年7月17日湘潭市城乡规划委员会第6次会议通过的《某A镇规划(2016-2020年)》(以下简称《规划》)。……

……

并按规定将批复的规划向社会公布施行。

特此批复

湘潭市人民政府

1.《湘潭市某A镇规划（2016—2020年）》在报湘潭市人民政府审批前，已先经雨湖区级人民代表大会审议。

2.《湘潭市某A镇规划（2016—2020年）》在批准前，已经组织专家和有关部门进行审查。

图 2－6　小城镇规划编制成果批复示意图

(5)城镇规划的修改

①城镇规划的组织编制机关应当组织有关部门和专家定期对规划实施情况进行评估，并采取论证会、听证会或者其他方式征求公众意见。组织编制机关应当向本级人民代表大会常务委员会、镇人民代表大会和原审批机关提出评估报告并附具征求意见的情况。

②有下列情形之一的，组织编制机关方可按照规定的权限和程序修改镇总体规划：

a. 上级人民政府制定的城乡规划发生变更，提出修改规划要求的；

b. 行政区划调整确需修改规划的；

c. 因国务院批准重大建设工程确需修改规划的；

d. 经评估确需修改规划的；

e. 城乡规划的审批机关认为应当修改规划的其他情形。

③修改镇总体规划前，组织编制机关应当对原规划的实施情况进行总结，并向原审批机关报告；修改涉及规划强制性内容的，应当先向原审批机关提出专题报告，经同意后，方可编制修改方案。

④修改后的镇总体规划报原审批机关审批。

2 小城镇规划编制工作

2.1 城镇建设用地规划

知识目标

熟悉镇规划用地分类体系；掌握各类用地包含的内容；掌握各类用地颜色和代码；掌握镇区规划人均建设用地的确定方法和四大类建设用地的比例关系。

知识引入

某镇镇区人口8200人，规划远期人口20000人；镇区现状建设用地92.39公顷，现状人均建设用地112.7m^2/人，规划镇区建设用地220.0公顷，人均建设用地110.0m^2/人。

图 2－7　小城镇镇区规划方案图

2.1.1　城镇建设用地分类

镇用地根据《镇规划标准》(GB 50188—2007)应按土地使用的主要性质划分为:居住用地、公共设施用地、生产设施用地、仓储用地、对外交通用地、道路广场用地、工程设施用地、绿地、水域和其他用地 9 大类、30 小类。

镇用地的类别应采用字母与数字结合的代号,适用于规划文件的编制和用地的统计工作。

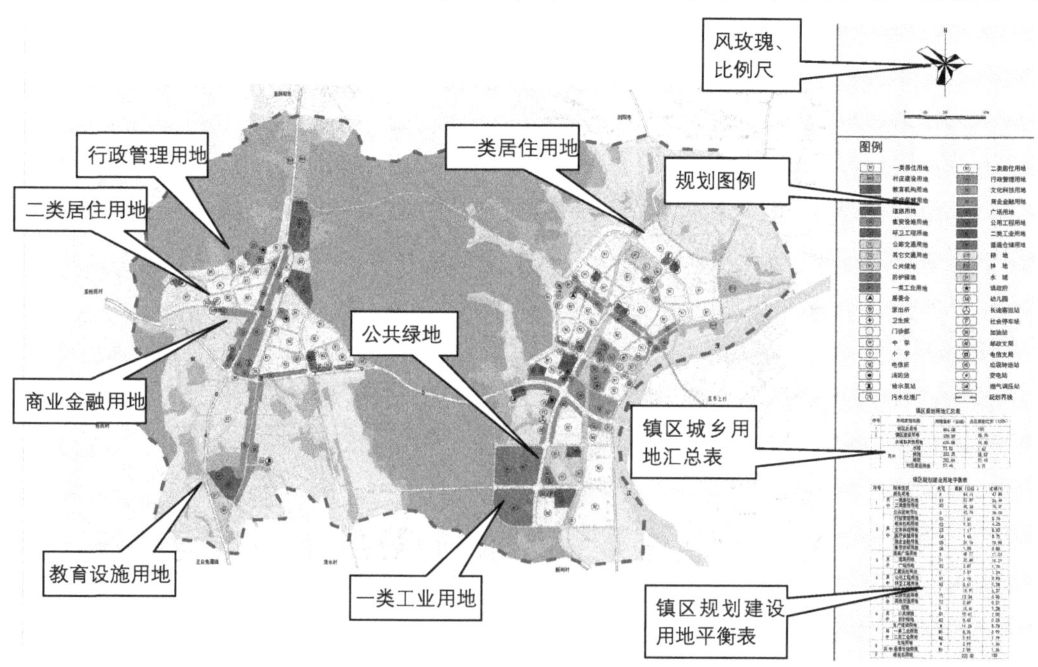

图 2－8　小城镇镇区规划用地示意图

图面要素	按照镇用地分类填充色块，标明用地代码、设施符号。
	风玫瑰、比例尺、图例、表格（城乡用地汇总表、规划建设用地平衡表）。
用地分类	为适应镇区规划深度的要求，规定了将9大类用地按项目的功能再划分为30小类。关于用地的分类代号的使用规定：类别代号中的大类以英文同（近）义词的字头表示，小类则在字头右边附加阿拉伯数字表示，供绘制图纸和编制文件时使用，也便于国际交流。用地的分类和代号对各类用地的范围均作了明确规定。

2.1.2 城镇建设用地标准、比例

镇建设用地是指参与建设用地平衡和指标计算的用地，即镇用地分类表中前八大类用地之和。第九大类“水域和其他用地”不属于建设用地的范围，不参与建设用地的平衡和指标的计算。

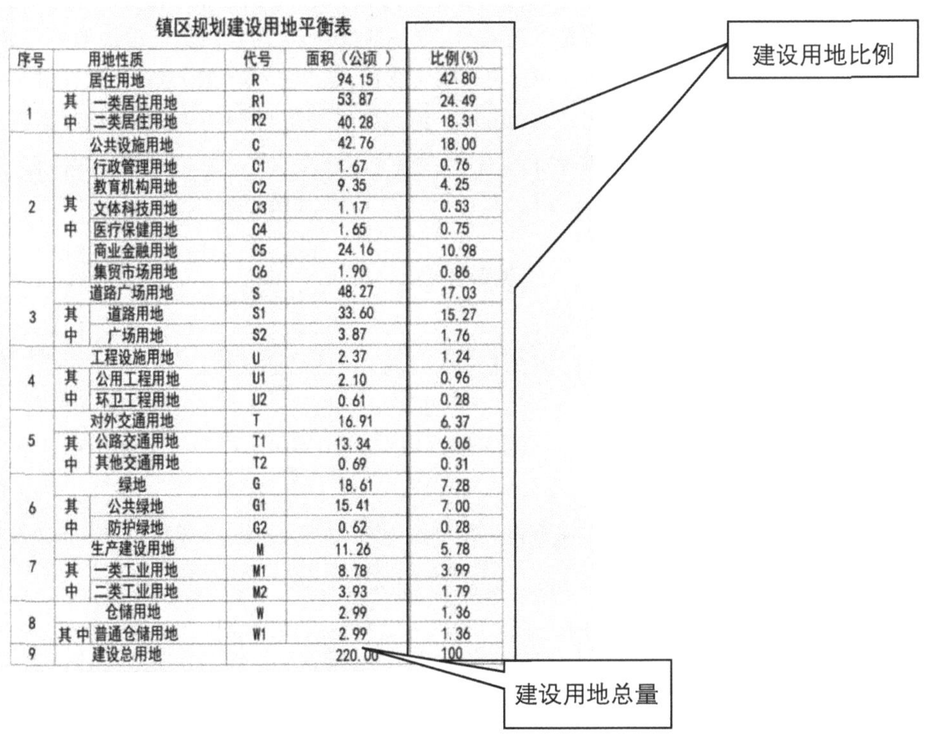

镇区规划建设用地平衡表

序号	用地性质		代号	面积（公顷）	比例(%)
1	居住用地		R	94.15	42.80
	其中	一类居住用地	R1	53.87	24.49
		二类居住用地	R2	40.28	18.31
2	公共设施用地		C	42.76	18.00
	其中	行政管理用地	C1	1.67	0.76
		教育机构用地	C2	9.35	4.25
		文体科技用地	C3	1.17	0.53
		医疗保健用地	C4	1.65	0.75
		商业金融用地	C5	24.16	10.98
		集贸市场用地	C6	1.90	0.86
3	道路广场用地		S	48.27	17.03
	其中	道路用地	S1	33.60	15.27
		广场用地	S2	3.87	1.76
4	工程设施用地		U	2.37	1.24
	其中	公用工程用地	U1	2.10	0.96
		环卫工程用地	U2	0.61	0.28
5	对外交通用地		T	16.91	6.37
	其中	公路交通用地	T1	13.34	6.06
		其他交通用地	T2	0.69	0.31
6	绿地		G	18.61	7.28
	其中	公共绿地	G1	15.41	7.00
		防护绿地	G2	0.62	0.28
7	生产建设用地		M	11.26	5.78
	其中	一类工业用地	M1	8.78	3.99
		二类工业用地	M2	3.93	1.79
8	仓储用地		W	2.99	1.36
	其中	普通仓储用地	W1	2.99	1.36
9	建设总用地			220.00	100

图2-9 镇区规划建设用地平衡表

表2-1 小城镇用地指标表

<table>
<tr><td rowspan="4">人均建设用地指标</td><td colspan="5">人均建设用地指标应按表的规定分为四级。</td></tr>
<tr><td colspan="5">人均建设用地指标分级</td></tr>
<tr><td>级别</td><td>一</td><td>二</td><td>三</td><td>四</td></tr>
<tr><td>人均建设用地指标（m^2/人）</td><td>>60 ~ ≤80</td><td>>80 ~ ≤100</td><td>>100 ~ ≤120</td><td>>120 ~ ≤140</td></tr>
</table>

<table>
<tr><td>确定规划人均建设用地指标</td><td>
新建镇区的规划人均建设用地指标应按表中第二级确定；当地处现行国家标准《建筑气候区划标准》（GB 50178—1993）的Ⅰ、Ⅶ建筑气候区时，可按第三级确定；在各建筑气候区内均不得采用第一、四级人均建设用地指标。对现有的镇区进行规划时，其规划人均建设用地指标应在现状人均建设用地指标的基础上，按表规定的幅度进行调整。第四级用地指标可用于Ⅰ、Ⅶ建筑气候区的现有镇区。
规划人均建设用地指标
<table>
<tr><th>现状人均建设用地指标（m²／人）</th><th>规划调整幅度（m²／人）</th></tr>
<tr><td>≤60</td><td>增 0 ~ 15</td></tr>
<tr><td>>60 ~ ≤80</td><td>增 0 ~ 10</td></tr>
<tr><td>>80 ~ ≤100</td><td>增、减 0 ~ 10</td></tr>
<tr><td>>100 ~ ≤120</td><td>减 0 ~ 10</td></tr>
<tr><td>>120 ~ ≤140</td><td>减 0 ~ 15</td></tr>
<tr><td>>140</td><td>减至 140 以内</td></tr>
</table>
规划调整幅度是指规划人均建设用地指标对现状人均建设用地指标的增减数值。地多人少的边远地区的镇区可根据所在省、自治区人民政府规定的建设用地指标确定。
</td></tr>
<tr><td>镇区建设用地比例</td><td>
镇区规划中的居住、公共设施、道路广场以及绿地中的公共绿地四类用地占建设用地的比例宜符合表的规定。
建设用地比例
<table>
<tr><th rowspan="2">类别代号</th><th rowspan="2">类别名称</th><th colspan="2">占建设用地比例（%）</th></tr>
<tr><th>中心镇镇区</th><th>一般镇镇区</th></tr>
<tr><td>R</td><td>居住用地</td><td>28 ~ 38</td><td>33 ~ 43</td></tr>
<tr><td>C</td><td>公共设施用地</td><td>12 ~ 20</td><td>10 ~ 18</td></tr>
<tr><td>S</td><td>道路广场用地</td><td>11 ~ 19</td><td>10 ~ 17</td></tr>
<tr><td>G1</td><td>公共绿地</td><td>8 ~ 12</td><td>6 ~ 10</td></tr>
<tr><td colspan="2">四类用地之和</td><td>64 ~ 84</td><td>65 ~ 85</td></tr>
</table>
上述四类用地所占的比例具有一定的规律性，规定的幅度基本上可以达到用地结构的合理，而其他类的用地比例，由于不同类型的镇区的生产设施、对外交通等用地的情况，相差极为悬殊，其建设条件差异又较大，可按具体情况因地制宜加以确定，本标准不作规定。
需要说明，规划四类用地的比例要结合实际加以确定，不能同时都取上限或下限。
</td></tr>
<tr><td colspan="2">
超星学习通：
自然资源部《市县国土空间规划分区与用途分类指南》（送审稿）

</td></tr>
</table>

2.2 总体布局

知识目标

掌握城镇空间布局的几种常规形式,掌握城镇主要大类建设用地的空间布局原则;能够完成城镇结构分析并正确表述结构分区。

知识引入

城镇总体布局应充分考虑人居环境和改善生活条件的目标,通过绿地系统的组织,使城镇形成既具有开放性,又具有相对独立性的城镇单元结构。镇区绿化景观空间包含“点、线、面”空间,通过城镇景观空间形态变化和对应联系,在城镇区域形成“一廊三轴七节点”景观结构。

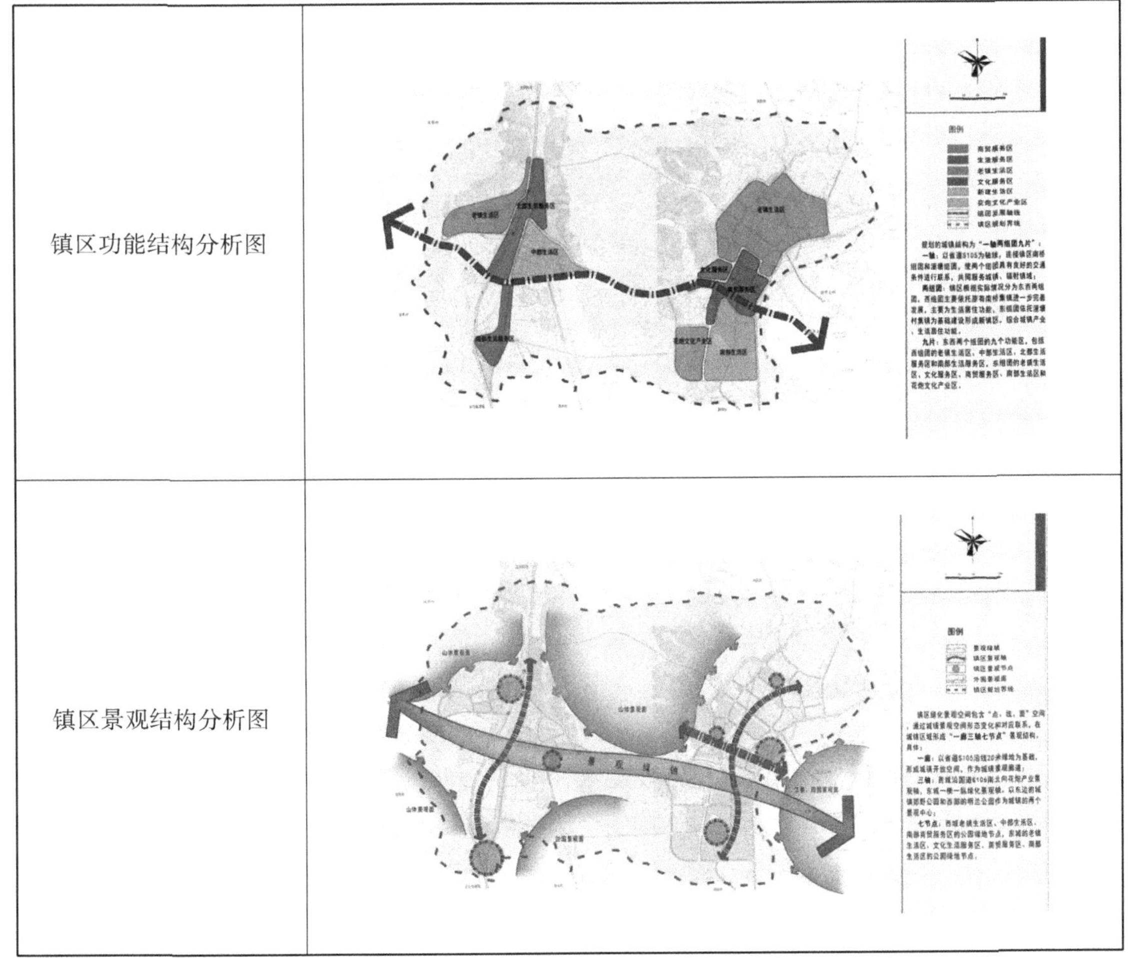

2.2.1 总体布局影响因素

现状布局	现状布局是城镇不断发展演变而来的，它综合反映了历史、政治、经济、交通、资源条件及科技发展对城镇布局的影响。总体规划布局应该充分考虑现状，并在现状布局基础上，按规划发展需要科学合理地加以改进和完善。
建设条件	良好的用地、水源和电力等是小城镇建设发展的必要条件和影响总体布局的重要因素。
资源、环境条件	资源条件为小城镇发展经济的基础，影响到工业、商业与农业的空间布局。
对外交通条件	对外交通是城镇形成和发展的重要影响因素，对城镇的功能结构和布局形态有直接的影响。
城镇性质	不同性质的城镇，其用地功能组织要求及用地结构不同。

2.2.2 布局原则

旧城改造原则	利用现状、依托旧城、合理调整、逐步改进、配套完善。
优化环境原则	充分利用自然资源及条件，科学布局，合理安排各项用地，保护生态，优化环境。
用地经济原则	合理利用土地、节约用地，充分利用现有基础，建设相对集中，布局力求紧凑完整、节省工程管线及基础设施建设。
因地制宜原则	有利生产、方便生活、合理安排居民住宅、乡镇工业及城镇公共服务设施，因地制宜，突出小城镇个性及特色。
弹性原则	合理组织功能分区、统筹部署各项建设，处理好近期建设与远期发展关系，留有弹性和发展余地。
实事求是原则	合理确定改造与新建的关系，结合现状及发展实际，确定建设规模、建设速度和建设标准。

2.2.3 空间形态模式

城镇的形态是构成城镇所表现的发展着、变化着的空间形式的特征，是一种复杂的经济、社会、文化现象和过程。从城镇的形态变化可以看到城镇的发展轨迹，它带有变幻难测、不易把握的特点，但恰恰又是探求城镇发展规律的一个重要方面。

城镇由于发展演变形式的不同，从总体空间布局概括，可以分为集中与分散两种模式。

(1)集中布局

集中块状式	集中块状模式:也可称饼状或同心模式,由镇区中心逐渐向外扩展而形成,是小城镇布局常见的形态模式。尤其在平原地区,小城镇由中心逐渐向周围自由扩散演变,大多具备用地紧凑、中心单一、生产与生活连片的特点,在发展规模达到一定程度后,可形成新的中心。	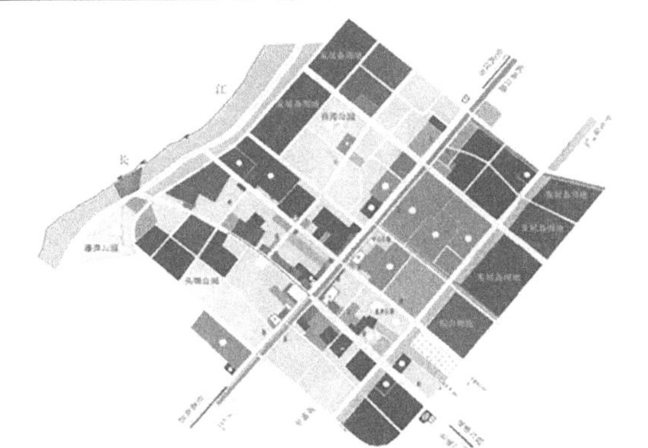
集中带状式	集中带状模式:这种模式主要受交通条件、山体与河流等社会和自然条件的影响而形成。这种布局一般纵向较长,横向较窄,以主要道路为轴组织生活与生产,具有自然的亲和性,生态环境较好。但镇内交通组织与用地功能组织的矛盾相对较复杂。这种形态下的进一步发展要尽量避免两端延伸过长,宜将狭长的用地划分为若干段(片),按生产与生活配套原则,配置生活服务设施,分别形成一定规模的综合区及中心,应重点解决纵向交通联系问题。	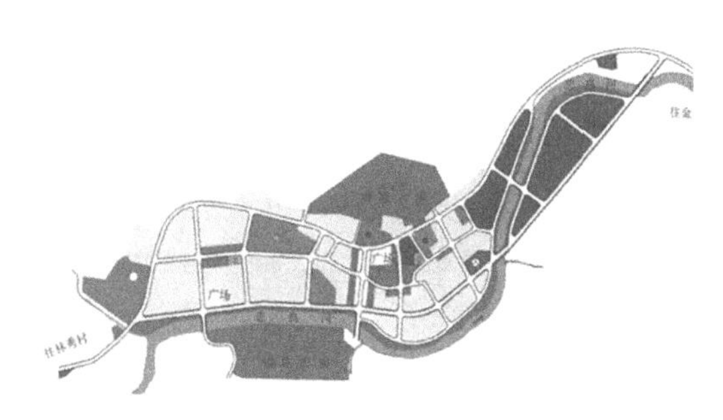
集中组团式	集中组团模式:因地形条件、用地选择或用地功能组织上的需要,城镇按地形或交通干道划分若干组团。每个组团生产、生活基本配套相对独立,组团之间空间距离不大,可谓相对集中组团方式。	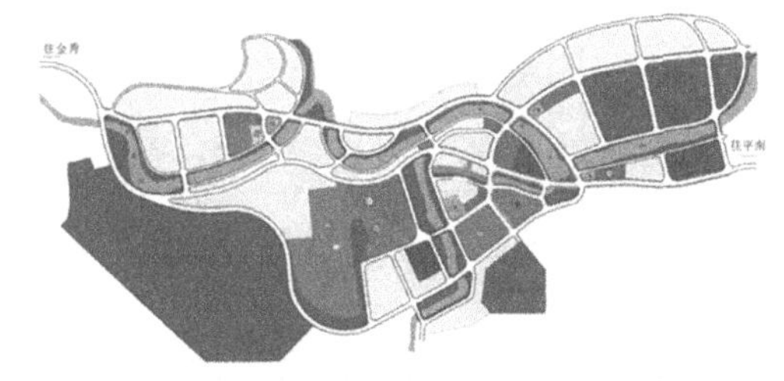
双城式	双城模式:双城式是一种由 2 个独立组团整合组建为整体协调发展的小城镇空间布局形态。采用这种形式进行规划布局应该力求两个组团合理分工、互为补充、协调发展,避免各自为政,盲目扩大规模。	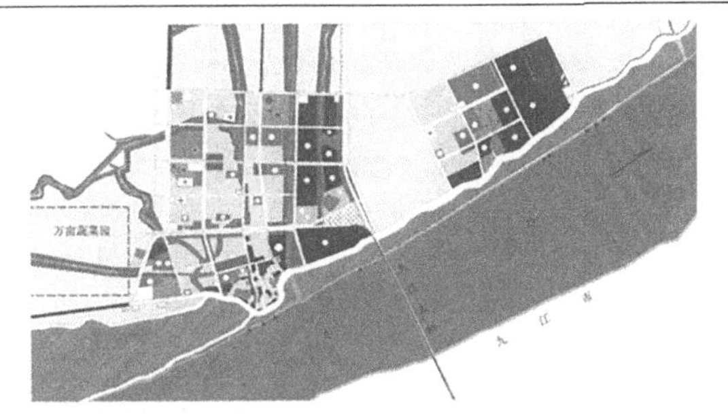
注:示意图参考《城市规划资料集:第 3 分册——小城镇规划》。		

(2)分散布局

分散组团式	分散组团模式:因地形和用地条件限制以及城镇空间发展需求,城镇由分散的若干组团形成,各组团间保留一定的空间距离,环境质量较好。采用分散组团式规划布局时应组织好组团间的交通联系,节约城镇建设投资及管理运行费用,避免用地规模过大。	
多点分散式	多点分散模式:因受地形和矿产资源分布的影响,以采掘加工为主的工矿镇分散建设,生产、生活就地简单配套所形成的布局空间形态。其过于分散,对生产、生活和城镇建设发展不利。	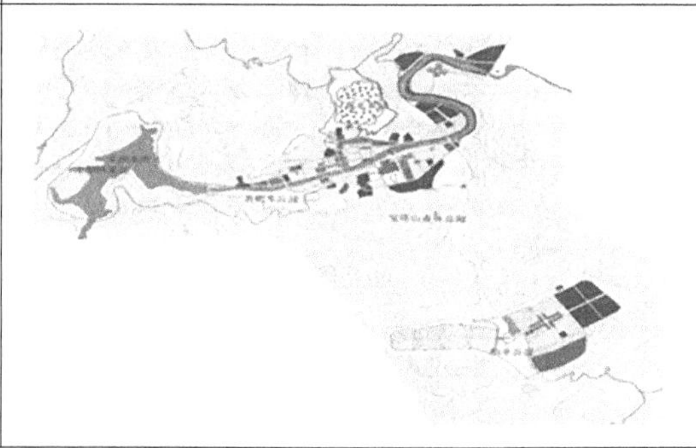
注:示意图参考《城市规划资料集:第3分册——小城镇规划》。		

2.2.4 用地布局

(1)居住用地布局

适应我国各地镇区居住建筑差别的特点,居民住宅用地的面积标准应在符合建设用地比例的规定范围内。

布局规划原则	①符合统一规划、合理布局、因地制宜、综合开发、配套建设原则。
	②综合考虑所在城市性质、社会经济、气候、民族、习俗和传统风貌等地方特点和规划用地范围周围的环境条件,充分利用规划范围内有保留价值的河湖水域、地形地物、植被、道路、建筑物与构筑物等,并将其纳入总体规划。
	③适应居民的活动规律,综合考虑日照、采光、通风、防灾、配套设施及管理要求,创造安全、卫生、方便、舒适和优美的居住生活环境。
	④为老年人、残疾人的生活和社会活动提供条件。
	⑤为商品经营、社会化管理及分期实施创造条件。
	⑥充分考虑社会、经济和环境三方面综合效益。

居住用地的分布方式	集中式布局		适合规模较小,且用地条件较好的城镇。
	组群式布局		城镇布局受地形所限,由若干分散的居住区组成。
	组团式布局		居住用地与其他功能用地结合形成组团或片区。
	沿交通轴布局		沿城镇中的轨道交通布置的居住组团。
注:示意图来源于网络。			

(2)公共服务设施布局

镇区公共服务设施项目的配置主要依据镇的层次和类型,并充分发挥其地位和职能的作用而定。按其使用性质分为行政管理、教育机构、文体科技、医疗保健、商业金融、集贸市场6类,共39个项目。考虑到镇区的地位、层次的不同,规定了应设置和可设置的项目,供各地在规划时选定。

行政管理	包含镇村政府机构、派出机构、其他部门	参照地方相关规定
教育机构	包含中学、小学、幼儿园及其他教育机构	参照《中小学设计规划规范》
文体科技	包含乡镇文化设施、活动设施	参照地方相关规定
医疗保健	主要包含乡镇卫生院、市级医院分院等	参照《乡镇卫生院建设标准》
商业金融	主要包含乡镇沿街商业、镇级商业中心	参照地方相关规定
集贸市场	主要包含乡镇农贸市场及专业市场	参照地方相关规定

超星学习通:
《城乡公共服务设施规划标准》(地方标准)

(3)工业用地布局

布局原则	布置在生活居住区的小型工业区。生产用地面积较小、运输量小、无污染、与居民生活关系密切的工业,如食品、缝纫、玩具制作、手工艺品等,可布置在居住区的角落或边缘。
	对居住区无影响的小型精密仪器、仪表、服装鞋帽等,可以布置在居住区的独立街坊。
	布置在城镇边缘地带的工业区。对城镇稍有影响的工业区,布置在城镇的一侧或几个相对集中的区域。按街坊整块布置。
	布置在城镇外围地区的独立工业区。在大城镇中,大型工业企业对城市的影响很大,应与城镇有一定距离,用绿化隔离。

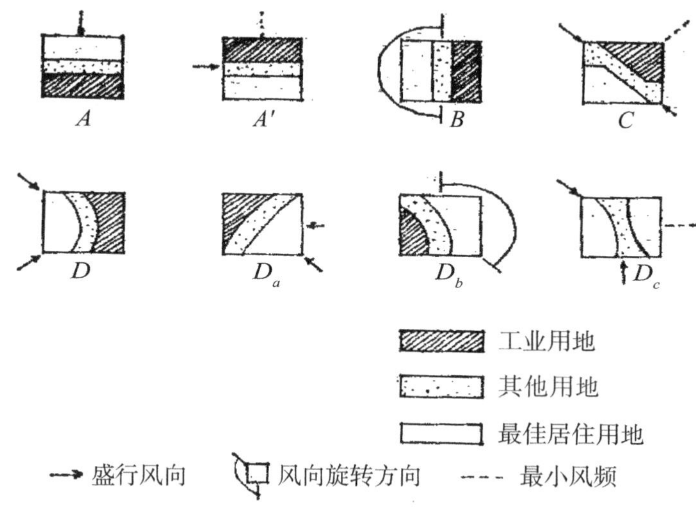

图 2-10　工业用地布局示意图(此图来源于网络)

(4)城市绿地系统布局

从城镇出发,综合规划。无论是总体还是局部规划,都要从实际出发,紧密结合当地自然条件,并与城镇总体规划密切结合,统筹安排,作出内外协调、统筹兼顾、全面合理的绿地规划。

点(块)状绿地布局	以镇级公园、居住片绿地构成分散、点状分布的公共绿地形态。	

带状绿地布局	利用河湖水系、城镇道路等因素,形成纵横交错绿地、放射状绿地与环状绿地交织的绿地网。	
楔状绿地布局	由镇区外围伸入中心的由宽变窄的绿地,为楔状绿地。一般利用河流、起伏地形、放射干道等结合外围农田防护林来布置。	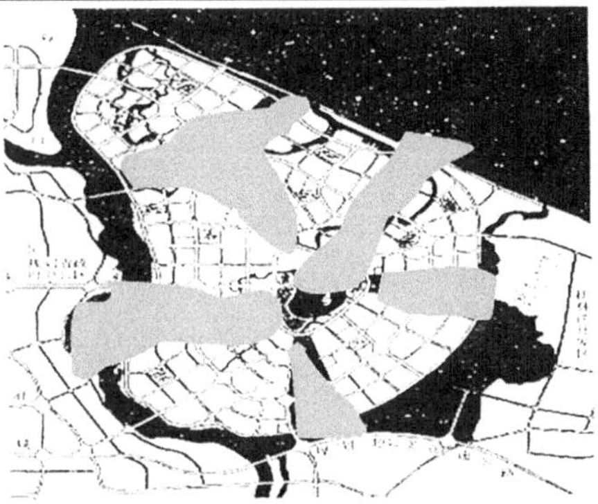
混合式绿地布局	点、线、面的结合兼有上述三者特征。	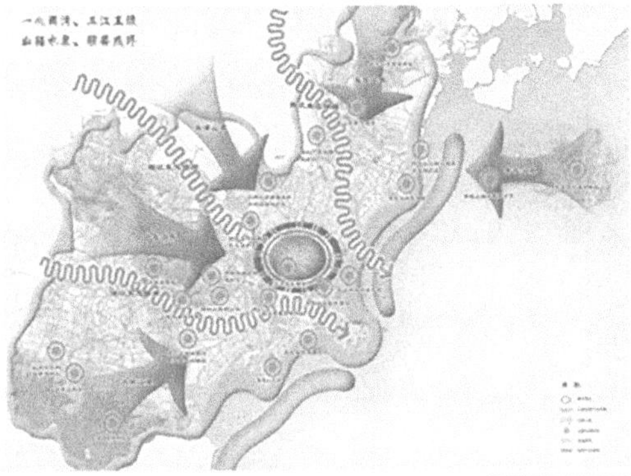
注:示意图来源于网络。		

2.3 小城镇道路规划

知识目标

分析理解和处理对外交通和小城镇之间的关系;掌握对外交通站场的布局原则;掌握道路横断面设计方法;掌握道路平面线形设计和竖向设计。

知识引入

某城镇对外公路交通主要包括国道G106和省道S105两条，规划公路均为二级公路，考虑到镇区发展及用地布局，镇区西城段两条公路按20m宽一块板道路设计，兼作城镇道路，两边严格控制开口数量，省道S105两侧各按5m防护绿地控制，范围内不得建设；镇区东城段省道S105按35m宽一块板道路设计，兼作城镇道路。镇区道路由对外交通道路、主路、支路三级组成，根据镇区现状路网布局、用地与地形条件构成方格网的路网系统。

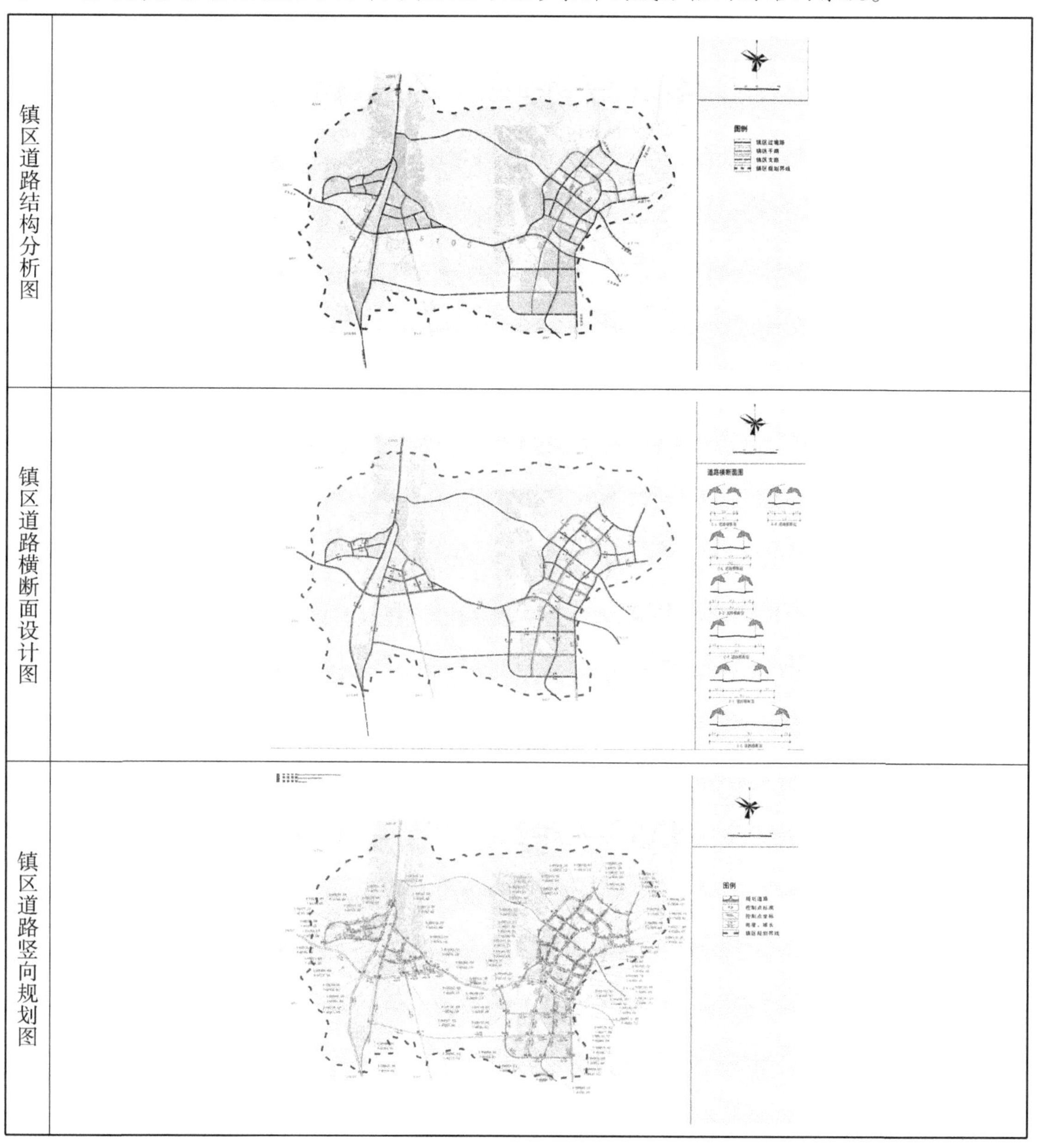

2.3.1 对外交通规划

小城镇对外交通是指小城镇与周围城市、城镇、乡村间的交通。它的主要形式有公路交通、铁路交通和水运交通。

(1)小城镇对外交通规划原则

①小城镇的道路交通规划应依据县域或地区道路交通规划的统一部署进行规划。

②镇域内的道路交通规划应满足镇区与村庄间的车行、人行以及农机通行的需要。

③镇域的道路系统应与公路、铁路、水运等对外交通设施相互协调，并应配置相应的站场、码头、停车场等设施，公路、铁路、水运等用地及防护地段应符合国家现行的有关标准的规定。

④高速公路和一级公路的用地范围应与镇区建设用地范围之间预留发展所需的距离。

⑤规划中的二、三级公路不应穿过镇区和村庄内部，对于现状穿过镇区和村庄的二、三级公路应在规划中进行调整。

(2)公路交通

规划时，应选择适当的方式处理好公路与城镇的连接问题，两者之间的常见关系形式为：过境公路穿越城镇和过境公路绕过城镇。

过境公路穿越城镇	过境公路从城镇穿过，这样的形式会造成过境公路和城镇生活之间相互干扰。	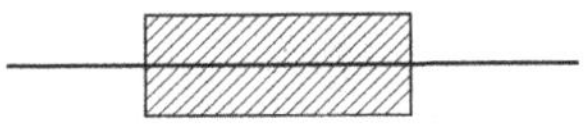
过境公路绕过城镇（该模式下会产生三种情况）	情况一：过境公路为一般等级公路，与镇以入镇干道的方式平面交叉引入。	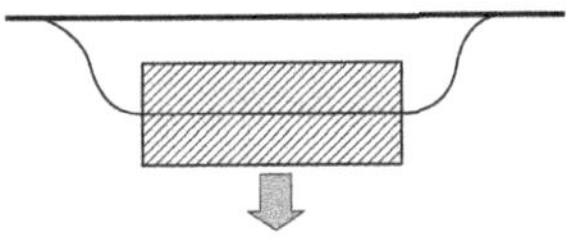
	情况二：过境公路为汽车专用路或高速公路，由于客观条件的限制，高速公路在此不开口，则高速公路成为镇发展上的一个绝对性的空间障碍。	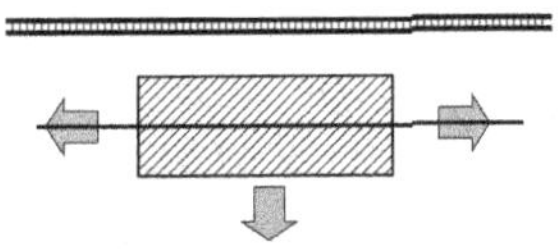
	情况三：过境公路为汽车专用路或高速公路，而且在镇区有出入口，可以采取立体交叉方式将城镇与对外交通联系起来。	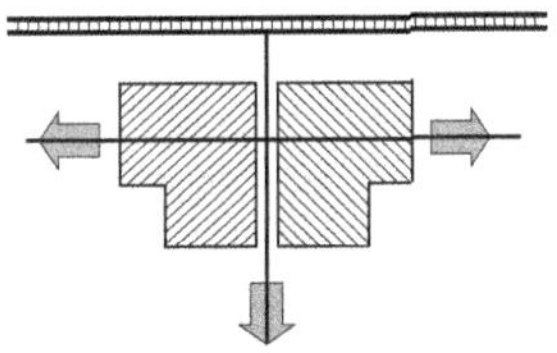

(3)公路汽车站布置

公路汽车站又称长途汽车站。按其使用性质可分为客运站、货运站和客货混合站等几种。

客运站	小城镇镇区面积不大，客运人数和客车流量都较少，大都设1个客运站在城镇边缘。
货运站	货运站位置的选择与货源和货物性质有关，一般布置在小城镇边缘，且靠近工业区和仓库区。
客货混合站	城镇规模小，客货流量较少而比较平衡时，常采用客货混合站，其位置应综合客运站与货运站的要求。

(4)公路错车道布置

四级公路路基宽度为4.5m时，应在不大于300m的距离内设置错车道。设置错车道路基宽度不小于6.5m，有效长度不小于20m。

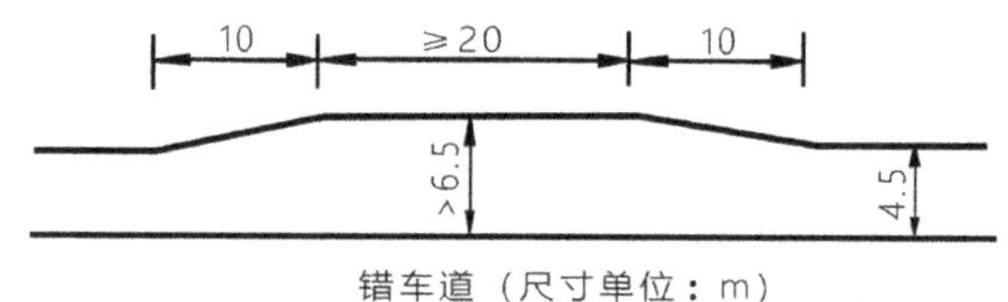

图2－11　公路错车道示意图

2.3.2　小城镇道路系统规划

(1)小城镇道路系统规划的相关规定

①应根据小城镇用地的功能、交通的流向和流量，结合自然条件和现状特点，确定镇区内部的道路系统以及镇域内镇区和村庄之间的道路交通系统；

②应解决好与区域公路、铁路、水路等交通干线的衔接，并应有利于镇区和村庄的发展、建筑布置和管线敷设；

③镇区道路应根据用地地形、道路现状和规划布局的要求，按道路的功能性质进行布置；

④连接工厂、仓库、车站、码头、货场等以货运为主的道路不应穿越镇区的中心地段；

⑤文体娱乐、商业服务等大型公共建筑出入口处应设置人流、车辆集散场地；

⑥商业、文化、服务设施集中的路段可布置为商业步行街，根据集散要求应设置停车场地，紧急疏散出口的间距不得大于160m；

⑦人行道路宜布置无障碍设施；

⑧镇区道路中各级道路的规划技术指标应符合下表的规定。

规划技术指标	道路级别			
	主干路	干路	支路	巷路
计算行车速度(km/h)	40	30	20	—
道路红线宽度(m)	24～36	16～24	10～14	—
车行道宽度(m)	14～24	10～14	6～7	3.5
每侧人行道宽度(m)	4～6	3～5	0～3	0
道路间距(m)	≥500	250～500	120～300	60～150

(2)小城镇道路系统规划的相关原则

①远近分离原则——不同距离出行者的需求;

②通达分离的原则——穿越与到达交通的需求;

③快慢分离原则——不同交通方式的需求;

④容量调控原则——减少低效运行的需求;

⑤道路功能划分原则——减少公共空间功能与交通功能冲突;

⑥尺度适宜原则——小城镇以步行和自行车、摩托车、小汽车等个体交通为主;

⑦因地制宜原则——小城镇数量大、类型多、分布广、发展慢。

(3)小城镇道路系统规划的基本概念

①小城镇道路网密度

小城镇道路网密度为小城镇道路总长度与小城镇用地总面积之比。小城镇道路总长度包括所有小城镇道路的长度,街坊内部道路通常不列入计算。

②道路面积率

道路面积率即道路广场用地面积占城镇建设用地面积的比例。中心镇镇区道路面积率宜为11% ~19%,一般镇镇区道路面积率宜为10% ~17%。

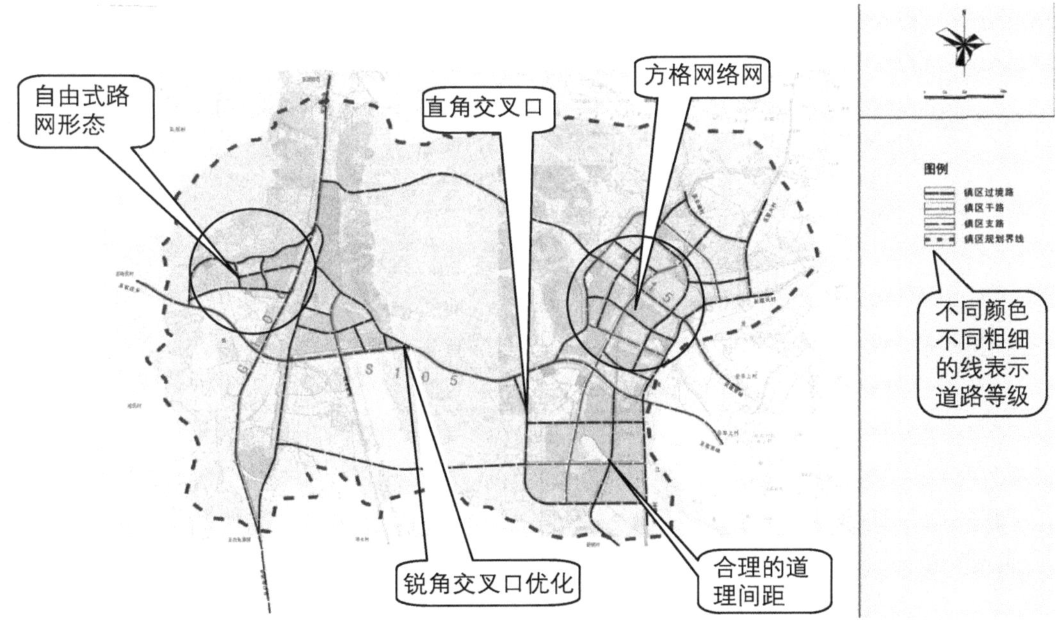

图2-12 镇区道路交通规划示意图

表 2-2　小城镇道路系统规划技术要点

<table>
<tr><td rowspan="2">道路等级</td><td colspan="3">小城镇道路的分级应根据城镇规模大小而定。规模较大的小城镇镇区道路可分为四级，即主干路、次干路、支路和巷路；一般小城镇镇区道路分为三级。</td></tr>
<tr><td colspan="3">镇区道路系统组成
镇区道路组成一览表
<table>
<tr><td rowspan="2">规划规模分级</td><td colspan="4">道路级别</td></tr>
<tr><td>主干路</td><td>干路</td><td>支路</td><td>巷路</td></tr>
<tr><td>特大、大型</td><td>●</td><td>●</td><td>●</td><td>●</td></tr>
<tr><td>中型</td><td>○</td><td>●</td><td>●</td><td>●</td></tr>
<tr><td>小型</td><td>—</td><td>○</td><td>●</td><td>●</td></tr>
</table>
注：表中●表示应设的级别；○表示可设的级别。</td></tr>
<tr><td rowspan="4">道路网类型</td><td>方格网式道路系统</td><td>其特点是道路呈直线，道路交叉点多为直角，适用于地形平坦地区的小城镇。其缺点是对角线方向的交通不够方便，布局较呆板。</td><td>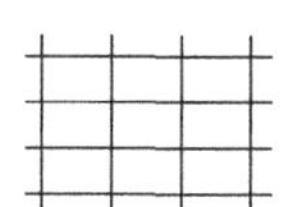</td></tr>
<tr><td>环行放射式道路系统</td><td>一般由小城镇的公共中心或车站、码头作为放射道路的中心，向四周引出若干条放射性道路。
缺点是在中心地区易引起机动车交通堵塞，交通的灵活性不如方格网好。另外，道路的交叉形式很多钝角与锐角，街坊用地不整，不利于建筑物的布置。又由于小城镇规模不大，从中心到各地段的距离较小，一般来说，没有必要采取纯放射式道路系统。</td><td>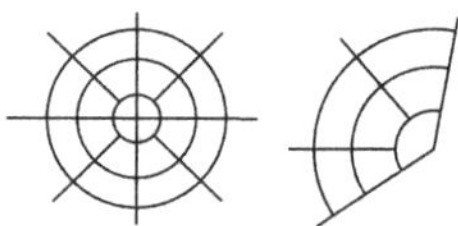</td></tr>
<tr><td>自由式道路系统</td><td>这种形式多用于山区、丘陵地带或地形多变的地区，道路为结合地形变化而布置成路线曲折的几何图形。它的优点是充分结合自然地形，节省道路建设投资，布置比较灵活。</td><td></td></tr>
<tr><td>混合式道路系统</td><td>由多种路网形式组合而成，即在同一个城镇同时存在几种类型的道路网。特点是扬长避短，充分发挥各种形式路网的优点。
在小城镇道路网规划中，重要的是使交通运输网络与城镇形态和用地布局更好地结合，而不在于追求或拘泥于某一特定的形式。</td><td>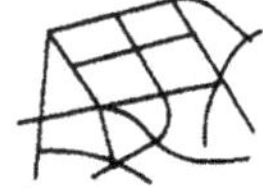</td></tr>
<tr><td>道路交叉口处理</td><td colspan="3">小城镇各级道路的间距
<table>
<tr><td rowspan="2">规划技术指标</td><td colspan="4">道路级别</td></tr>
<tr><td>主干路</td><td>干路</td><td>支路</td><td>巷路</td></tr>
<tr><td>道路间距(m)</td><td>≥500</td><td>250～500</td><td>120～300</td><td>60～150</td></tr>
</table></td></tr>
</table>

<table>
<tr><td rowspan="9">道路交叉口处理</td><td colspan="5">平面交叉口的类型与特点</td></tr>
<tr><td>交叉口类型</td><td>道路夹角(°)</td><td>交通组织</td><td>适用范围</td><td>街角建筑</td></tr>
<tr><td>十字形</td><td>75～105</td><td>方便</td><td>广</td><td>易处理</td></tr>
<tr><td>X 形</td><td>>105，<75</td><td>行人过街，转弯交通不利</td><td>尽量避免</td><td>难处理</td></tr>
<tr><td>T 形</td><td>75～105</td><td>较简单</td><td>主次、次支</td><td>易处理</td></tr>
<tr><td>Y 形</td><td>>105，<75</td><td>十分不利</td><td>尽量避免</td><td>难处理</td></tr>
<tr><td>错位</td><td>—</td><td>较简单</td><td>主次与支路</td><td>易处理</td></tr>
<tr><td>复合</td><td>—</td><td>复杂</td><td>多路交汇</td><td>较难处理</td></tr>
<tr><td>环形</td><td>—</td><td>中心岛，高效</td><td>大路口</td><td>较易处理</td></tr>
<tr><td>道路交叉口线形处理方式</td><td colspan="5">(a) (b) 方案一 方案二 (a) (b) (c)
(a) (b) (c) (d) (d) (e) (f)</td></tr>
</table>

2.3.3　小城镇道路线形设计

平面线形包含三要素：直线、圆曲线和缓和曲线。

道路平面线形设计是根据汽车行驶的力学性质和行驶轨迹要求，合理地确定各线形要素的几何参数，保持线形的连续性和均衡性，避免采用长直线，并注意使线形与地形、地物、环境和景观等协调。对于车速较高的道路，线形设计还应考虑汽车行驶美学及驾驶员视觉和心理上的要求。

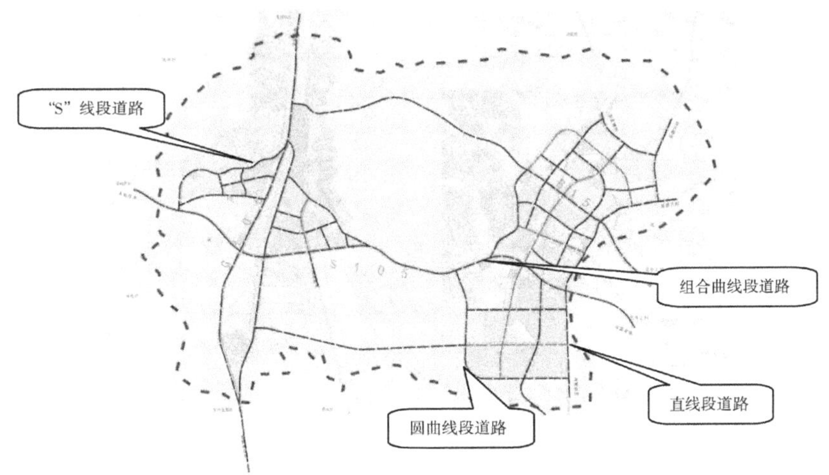

图 2－13　镇区道路交通线形设计示意图

表 2-3　镇区道路交通线形设计技术要点

常见组合曲线形式	直线—圆曲线—直线。	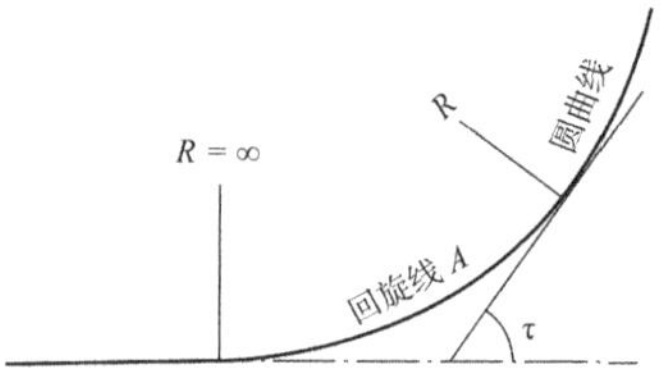
	圆曲线—直线—圆曲线。	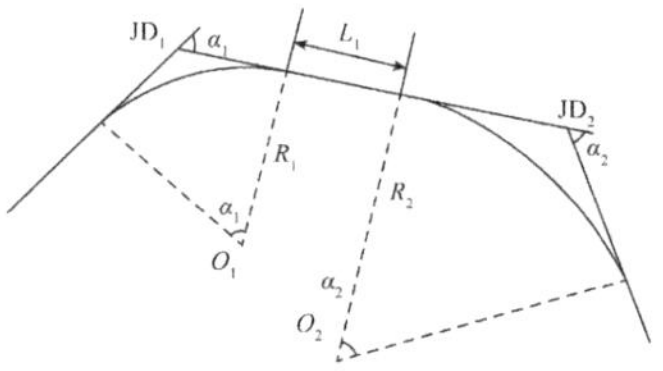
	S 形：两个反向圆曲线用回旋线连接的组合。	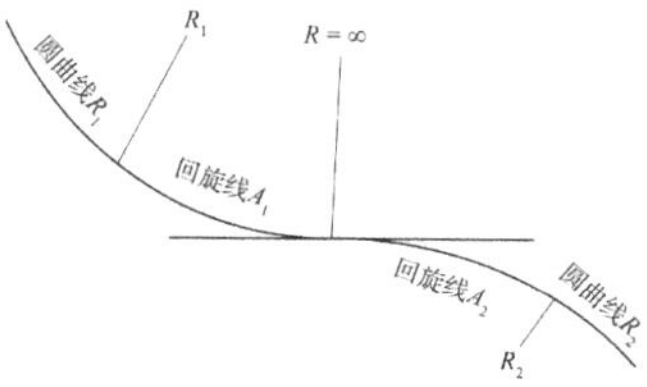
	卵形：用一个回旋线连接两个同向圆曲线的组合。	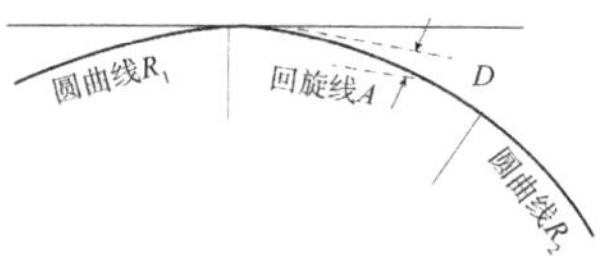
选用圆曲线半径	C 形：同向曲线的两回旋线在曲率为零处径相衔接。	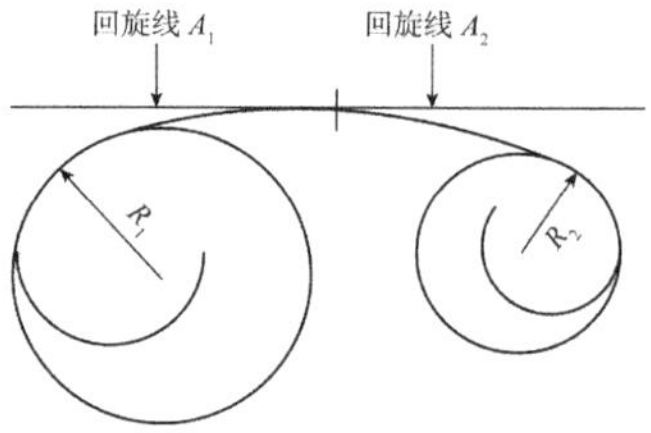
	回头曲线：由一个主曲线，两个辅助曲线和主、辅曲线间所夹的直线段而组成的复杂曲线。	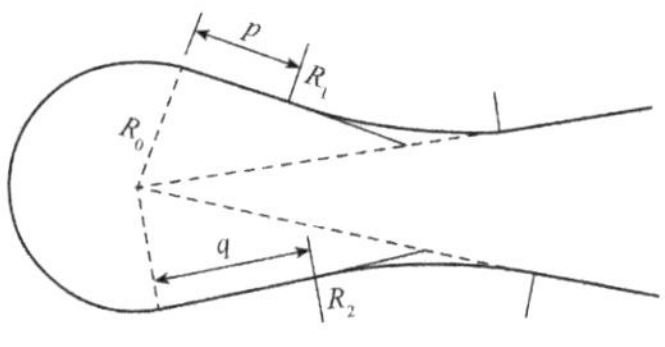

选用圆曲线半径

城镇道路圆曲线的最小半径与最小长度

计算行车速度(km/h)	80	60	50	40	30	20
不设超高的最小半径(m)	1000	600	400	300	150	70
设超高的推荐半径(m)	400	300	200	150	85	40
设超高的极限半径(m)	250	150	100	70	40	20
圆曲线最小长度(m)	70	20	40	35	25	20
平曲线最小长度(m)	140	100	85	70	50	40

当道路的转折角小于3°~5°时,由于外距较小,在一般允许施工误差范围内,可以考虑用折线相连而不设置曲线。但为了街道的美观、路缘石的平顺,城镇道路中还是应当考虑设置平曲线的。快速道路也应当如此。

在计算确定平面曲线半径时,为了道路测设方便,应当对计算数值取整。当 $R<125$m 时,按5的倍数取整;当 $125\text{m}<R<150$m 时,按10的倍数取整;当 $150\text{m}<R<250$m 时,按50的倍数取整;当 $R>1000$m 时,按100的倍数取整。

2.3.4 小城镇道路横断面设计

(1)小城镇道路横断面的定义

沿道路宽度方向,垂直于道路中心线所作的竖向剖面称为道路横断面。

(2)小城镇道路横断面的组成

城镇道路横断面包括机动车道、非机动车道、人行道、分车道、绿化带、道路附属设施用地等。其总宽度为城镇道路横断面的路幅宽度。

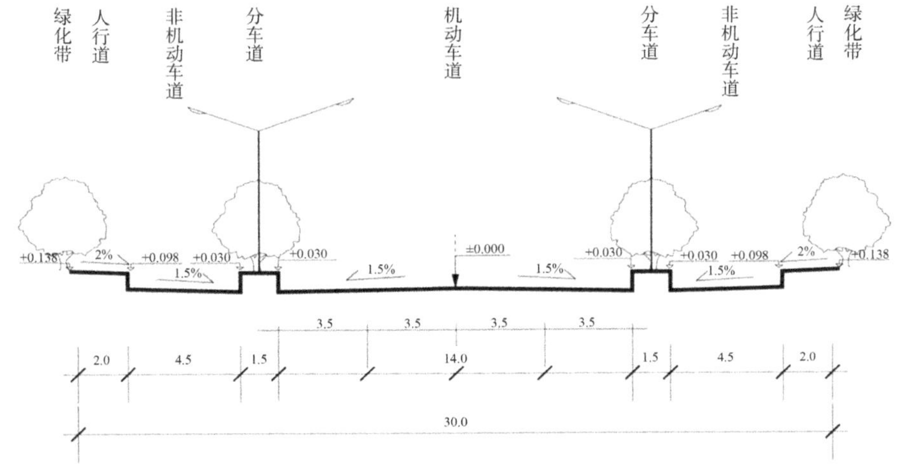

图2-14 小城镇道路横断面示意图

(3)小城镇道路横断面的基本尺寸

类型	相关要求	备注
机动车道	主干路和高等级公路上的小型车车道宽度宜采用3.5m;大型车车道或各种车辆混合行驶车道宽度则采用3.75m;支路上最窄车道宽度不宜<3.0m;当设计车速>60km/h时,采用3.75m;反之,采用3.5m。行驶机动车的最小净高要求为4.5m。 根据经验,小城镇道路中机动车道条数一般为2~4条,双车道多采用7.5~8.0m;三车道用10~11m;四车道用13~15m。采用双车道时,需要考虑可能有比较大型的车辆同时错车,因而车道要定得宽些。在镇区内车辆行驶的车速有一定的限制,可以选用得窄些。	机动车车行道总宽,应根据道路等级、红线宽度、服务水平以及所设计道路的交通组成、类型、比例考虑合理的交通组织方案,经综合分析后再确定。
非机动车道	一条自行车道的净空宽度按1m计。自行车在道路上行驶时,净空宽度距路缘石的距离为0.25m;在地道时,净空宽度离墙壁宜采用0.4m。通常,一条自行车道路,单向有两辆自行车并列行驶时,宽度为2.5m;有三辆车并行时,宽度为3.5m;其余以此类推。 行驶自行车的最小净高要求为2.5m,其他非机动车行驶的最小净空高度要求为3.5m; 一条非机动车道的宽度至少4.5m,若高峰小时自行车交通量大,宽度可达6~7m。	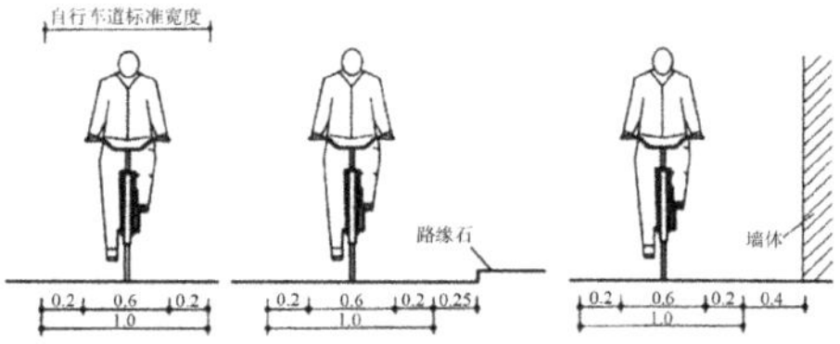 自行车横向宽度示意 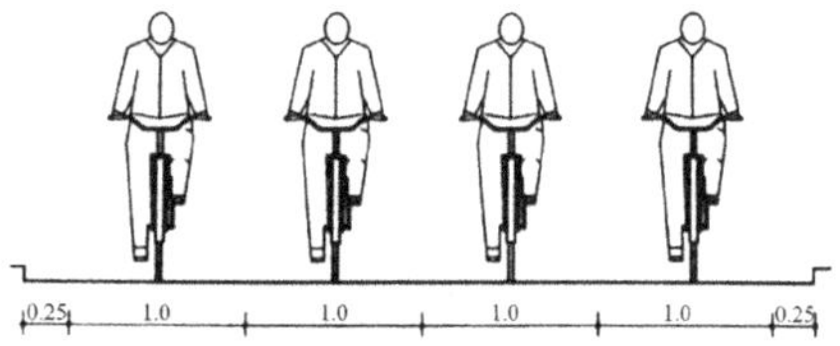 自行车并行宽度示意
人行道	一般规定,人行道的净空高度需要在2.5m以上。 为了避免行人间相互超越的干扰,每人至少应有0.75m的人行带宽度;在车站码头、人行天桥和地道等人流密集区域,人行带的宽度须达到0.9m。 人行道有效宽度应按人行带的倍数计算,最小宽度不得小于1.5m。 通常人行道对称布置在车行道两侧,高出车行道路面10~20cm,以保证安全,也有利于向车行道路边排水。在车辆交通频繁的主干路上,人行道宜放在绿带或设置带的右侧,使行人离机动车流远些,少受干扰和废气污染。	次干路、繁华的商业街上,人流多,且站立观看橱窗商品的人较多,可用绿带将人行道分为两部分,靠车行一侧的人行道供过路者快速行走,靠建筑一侧的人行道供购物者慢行。 城镇道路横断面宽度受地形、地物限制时,可在两侧做不等宽的人行道,或仅单边设置。例如傍山筑路,为减少土石方,可将人行道设置在另一标高上。 水位涨落很大的滨河路,也可将人行道分为几层,分别设置在不同的标高上,给人以一种亲水的感受。

类型	相关要求	备注
道路绿化	道路绿化包括路侧带、中间分隔带、机动车道与非机动车道间的分隔带、平面交叉口、立体交叉口、广场、停车场以及道路用地范围内的边角空地等处的绿化。 道路绿化带宽度宜为道路红线宽度的 10% ~ 15%。对滨河路、通往风景区的游览性道路绿地比例还可提高。	道路绿化应根据城镇性质和特色、道路功能、自然条件、城乡环境等合理进行设计。

(4)小城镇道路横断面的基本形式

小城镇道路横断面的基本形式有以下四种:单幅路、双幅路、三幅路、四幅路,或称一块板、两块板、三块板和四块板。判定小城镇道路横断面的基本形式的依据主要是看是否有非机动车道和机动车分车带。四种基本形式中在小城镇规划中常用的为单幅路、双幅路。

①单幅路为机非混合行驶道路,适用于小城镇的支路、商业街;非机动车不多、交通量小的次干路;占地困难、大量拆迁地段、出入口较多的繁华道路;对外交通道路。

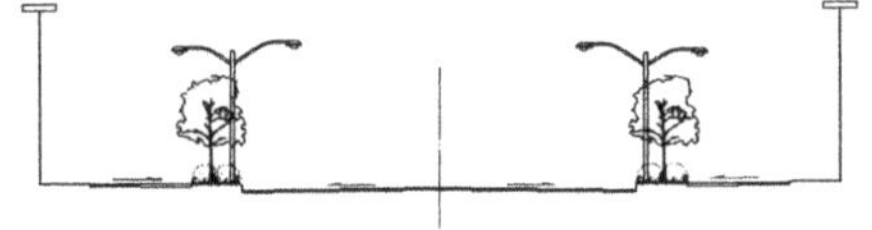

图 2-15 小城镇单幅路示意图

②双幅路可以减少对向机动车之间的相互干扰,适用于双向交通量比较均匀而且车速较快的情况。主要用于交通干道,机动车与非机动车混行,或只允许机动车通行,而道路断面为保证车速,在双向车行道之间采取隔离的一种道路断面。一般断面宽度在 25 ~ 35m 之间中间的隔离带宽度一般为 3 ~ 8m,单向车道宽度为 9 ~ 12m。

图 2-16 小城镇双幅路示意图

③三幅路适用于小城镇主要交通干道或者机动车流和非机动车流都很多的路段,此路幅类型机动车与非机动车分道行驶,路幅宽度很宽,一般要大于 40m,适用于平原地区的城镇,对山城或地形复杂的地区不大适用。

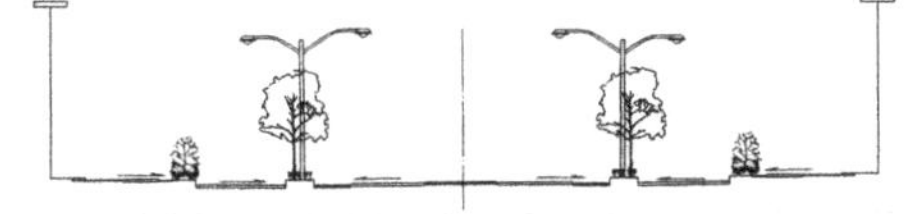

图 2-17 小城镇三幅路示意图

④适用于快速干道与近郊区的过境道路,既要求双向的快速交通有隔离,又要使同向机动车与非机动车分道行驶的道路,道路断面宽度一般为 40 ~ 60m。在小城镇规划中不常用,主要用于大都市的城郊镇以及发展规模较大的小城镇。

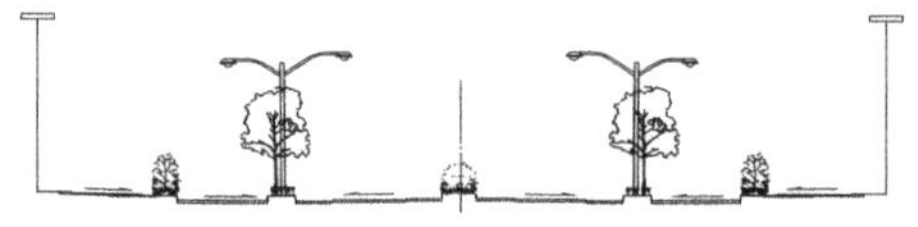

图 2－18　小城镇四幅路示意图

(5)小城镇道路横断面设计

依据道路性质、道路类别、道路规划红线以及交通组织方式,合理确定各组成部分的几何尺寸及其相互布置关系,包括路拱坡度及路拱曲线的确定。

横断面设计应近远期结合,使近期工程为远期工程所利用,并预留管线位置;对现有道路改建应采取工程措施与交通管理措施结合的办法以提高道路通行能力和保证交通安全。

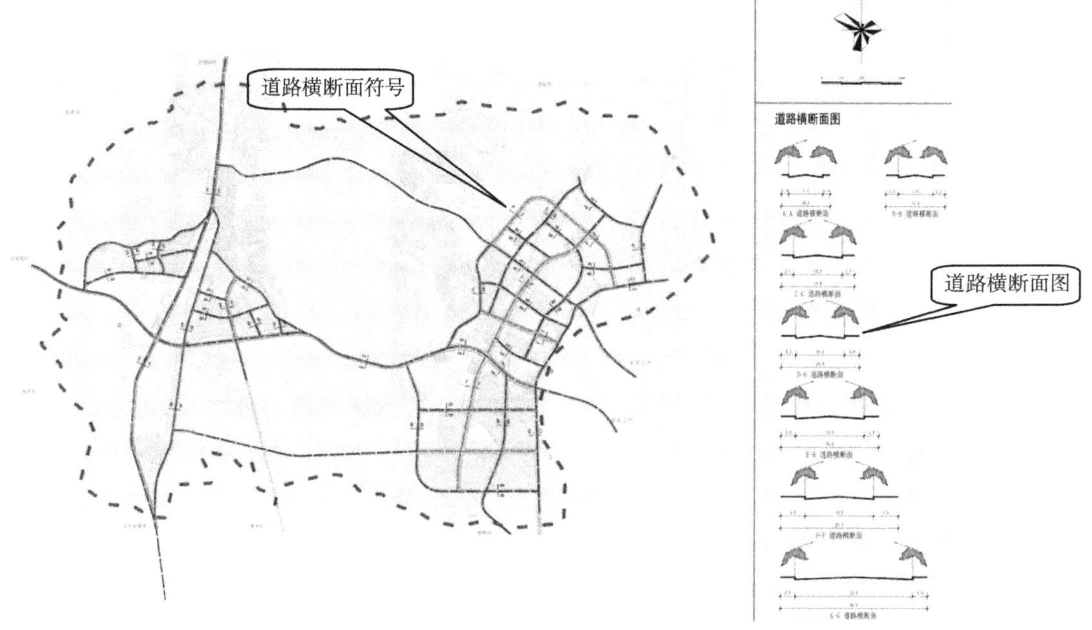

图 2－19　镇区道路横断面设计示意图

2.3.5　小城镇道路竖向设计

竖向设计是道路设计中最重要的一部分,一般市政道路的线形、横断面以及路面结构都在规划中已经确定,可调整的空间非常有限,但是道路竖向设计却是千变万化,可以设计出很多方案,使道路竖向设计更科学、更合理、更符合实际情况。

(1)小城镇道路竖向设计的定义

城镇建设用地内,为满足道路交通、排水防涝、建筑布置、城乡环境景观、综合防灾以及经济效益等方面的综合要求,对自然地形进行利用、改造,确定坡度、控制高程和平衡土石方等进行的规划。

(2)小城镇道路竖向设计的内容

①应确定建筑物、构筑物、场地、道路、排水沟等的规划控制标高;

②应确定地面排水方式及排水构筑物;

③应估算土石方挖填工程量，进行土方初平衡，合理确定取土和弃土的地点。

(3)小城镇道路竖向设计的相关规定

①应充分利用自然地形地貌，减少土石方工程量，宜保留原有绿地和水面；

②应有利于地面排水及防洪、排涝，避免土壤受冲刷；

③应有利于建筑布置、工程管线敷设及景观环境设计；

④应符合道路、广场的设计坡度要求；

⑤建设用地的地面排水应根据地形特点、降水量和汇水面积等因素，划分排水区域，确定坡向和坡度及管沟系统。

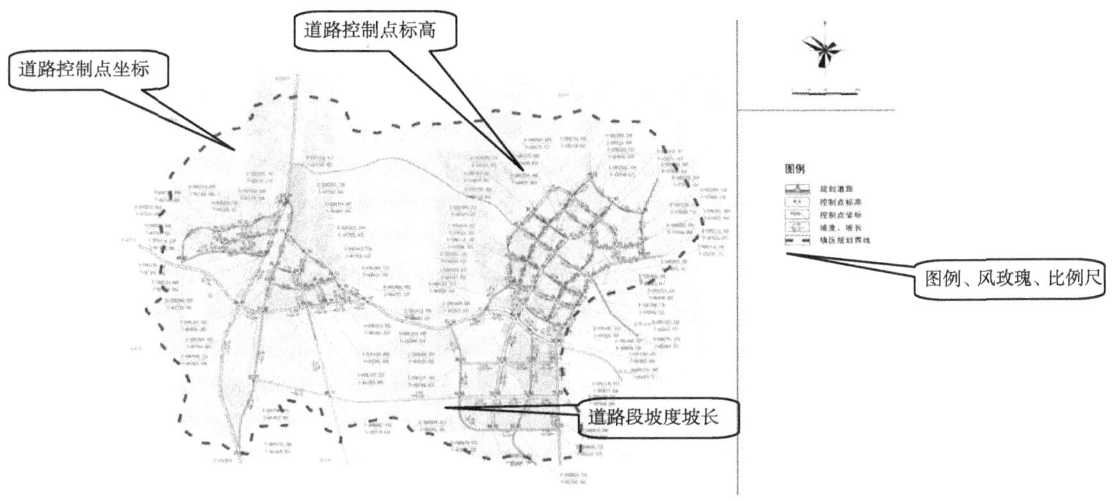

图 2－20　镇区道路竖向设计示意图

表 2－4　镇区道路竖向设计技术要点

<table>
<tr><td rowspan="2">控制点标高</td><td>城镇道路标高应略低于临街建筑物的地坪标高，以保证建筑物的出入口平缓，以及自建筑向路面排水的通畅。一般道路线位标高应比临街建筑物的地坪标高低 20～30cm。</td></tr>
<tr><td>道路起终点标高的确定。如果有已建的道路，则以现状道路边缘的路面标高为施工道路的终点标高，与现状道路顺接。如果没有已建道路，不仅要考虑起终点的标高对于本路的合理性和经济性，还要充分考虑道路再延伸线和与之相交道路延伸线与周围环境的协调、与自然的和谐。避免延伸线出现大填大挖，避免延伸线纵断不合理造成不必要的损失。</td></tr>
<tr><td>控制点坐标</td><td>道路控制点坐标标注位置，主要包括道路交叉口，道路主要曲线段起点、终点。</td></tr>
<tr><td>道路段坡度坡长</td><td>道路纵坡度 $0.3\% \le i \le 8\%$；若地形有困难，难以到达 0.3% 的坡度可以降低至 0.2%，若不能达到 0.2%，路幅外缘应作锯齿形边沟处理。
最大坡长：限制最大坡长的目的：按动力因素要求，$i \ge 5\%$ 时：①上坡时，道路阻力较大，$D_{max} < f + i$ 应换低挡行车，若常用最低挡，仍未驶出坡段，说明坡段太长。②下坡时为保证行车安全，要多次制动。因此，$i \ge 5\%$ 时要限制坡长。
城镇道路纵坡限制坡长
<table>
<tr><td>计算行车速度(km/h)</td><td colspan="3">80</td><td colspan="3">60</td><td colspan="3">50</td><td colspan="3">40</td></tr>
<tr><td>纵坡度(%)</td><td>5</td><td>5.5</td><td>6</td><td>6</td><td>6.5</td><td>7</td><td>6</td><td>6.5</td><td>7</td><td>6.5</td><td>7</td><td>8</td></tr>
<tr><td>纵坡限制坡长(m)</td><td>600</td><td>500</td><td>400</td><td>400</td><td>350</td><td>300</td><td>350</td><td>300</td><td>250</td><td>300</td><td>250</td><td>200</td></tr>
</table></td></tr>
</table>

2.4 城(集)镇用地控制与引导

知识目标

能够整体把握城镇用地强度控制,熟悉城镇用地强度的规定性控制内容和指导性控制内容及其含义;了解城镇空间城市设计的影响因素,熟悉城镇空间城市设计的内容,了解城镇各种典型空间城市设计的要求和原则并能够进行分析。

知识引入

某城镇规划的城镇用地强度控制图和城镇空间城市设计引导图。

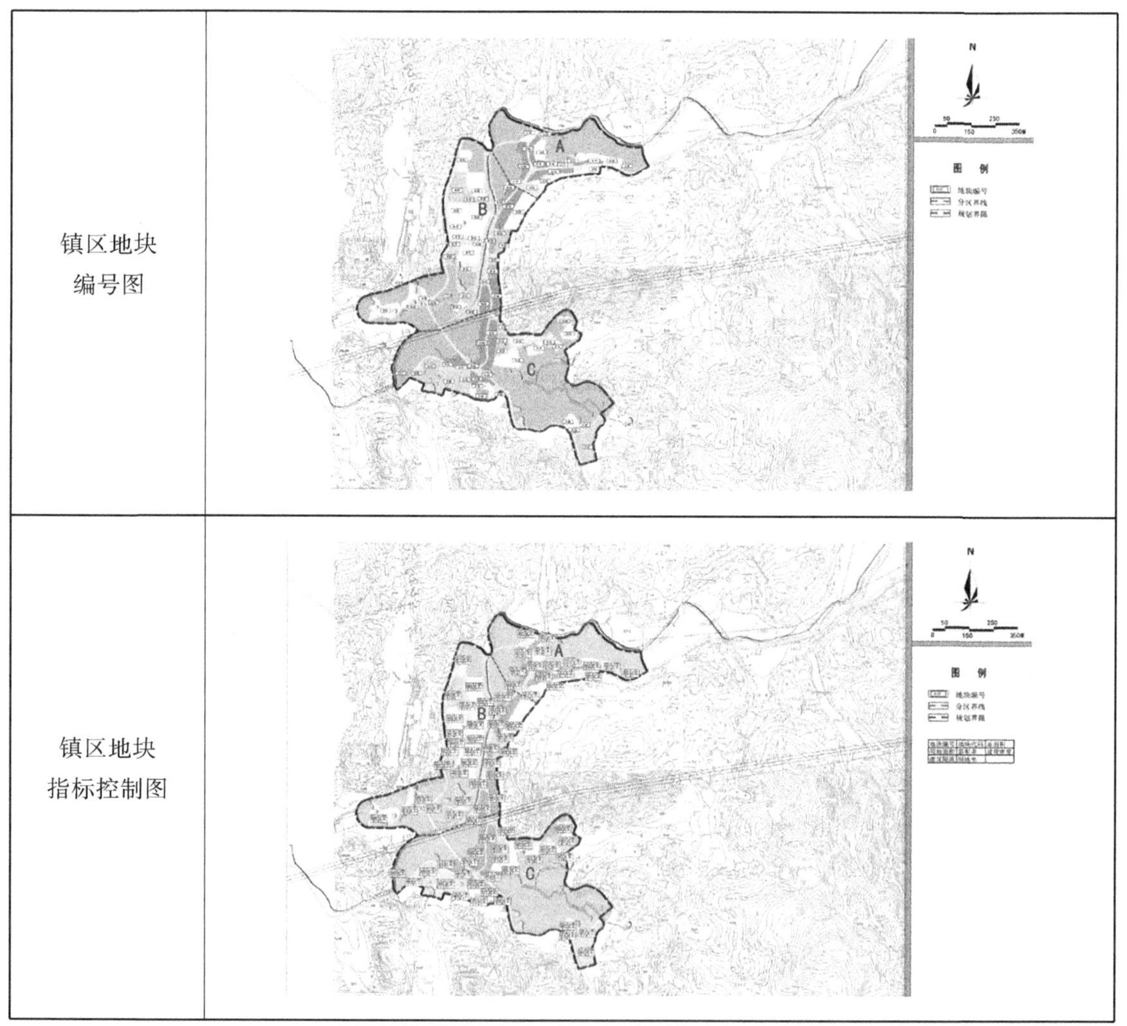

镇区地块开发强度控制图	
镇区地块建筑高度控制图	
镇区城市设计引导图	

2.4.1 城(集)镇用地强度控制

(1)城镇用地强度控制的考虑因素

考虑因素	内容
土地使用性质	商业金融等公共设施用地及二、三类居住用地的开发强度宜高。
土地所处位置	可达性较好的地段开发强度可适当提高,可达性差的区域则可降低开发强度,视线通廊控制区也要适当降低开发强度。
现状使用强度	考虑到城镇中心地区的土地价值和开发者的利用,一般开发地段强度高于现状使用强度。

用地开发强度与空间布局的关系:

开发强度分区	空间
高强度开发区	中心花园、广场周围地段、市政中心、医疗中心、商业区、中高层住宅区等。
次高强度开发区	城镇中心的一般地段或一般生活居住小区。
低强度开发区	大片绿地区域、广场绿地较集中区域、不宜建多层建筑和设施的区域等。

(2)城镇用地强度控制的内容

城镇用地强度控制的内容包含规定性控制内容和指导性控制内容。其中规定性控制内容是必须遵照执行,不能更改的,如容积率、建筑密度等;指导性控制内容是参照执行,并不具有强制约束力,如建筑形式、风格、色彩等。

①规定性控制内容

规定性控制内容包括:用地性质、用地面积、容积率、建筑密度、建筑限高、建筑后退、绿地率、交通出入口方位、停车泊位及其他公共设施。

规定性控制内容	含义
用地性质	规划区内的各类用地所规定的使用用途。
用地面积	建设用地的面积,是指由规划部门确定的建设用地边界线所围合的用地水平投影面积。
容积率	又称建筑面积密度,是衡量土地使用强度的一项指标,可根据需要制定上限和下限。 容积率(FAR)=地块内所有建筑物的总建筑面积之和(Ar)/用地面积(Al)
建筑密度	可以反映出用地范围内的空地率和建筑密集程度,规划控制其上限。 建筑密度=各类建筑基底面积之和/用地面积×100%
建筑限高	根据建筑物所处的区位及其对城市整体空间环境的影响程度,规划部门对建筑提出的最大限制高度(上限)。
建筑后退	建筑物相对于规划地块边界和各种规划控制线的后退距离,通常以后退距离的下限进行控制。

规定性控制内容	含义
绿地率	是衡量地块环境质量的重要指标，规划控制其下限。 绿地率 = 各类绿化用地面积/用地面积 × 100%
交通出入口方位	规划地块内允许设置出入口的方向、位置和数量。具体分为：机动车出入口方位、禁止机动车开口路段和主要人流出入口方位。
停车泊位	规划地块内规定的停车车位数量，包括机动车车位数和非机动车车位数。
其他公共设施	规划地块内需要配建的公共设施，如中小学、幼托、环卫、电力、电信、燃气设施等。

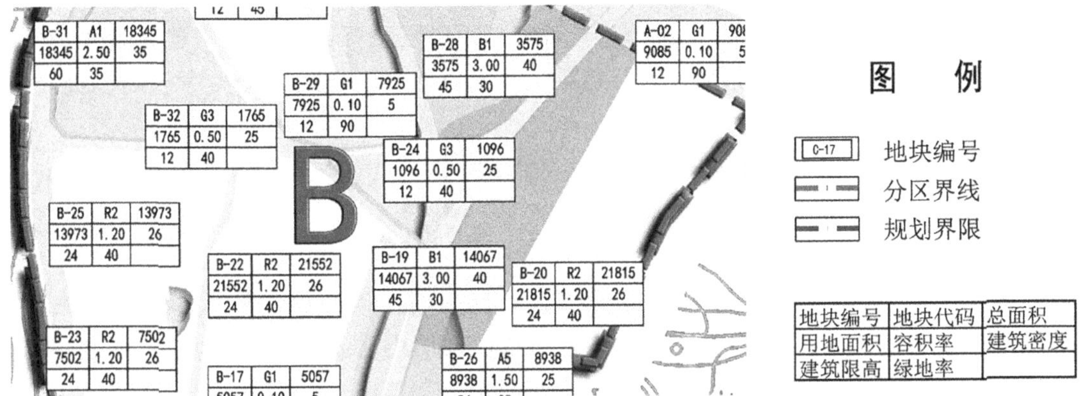

图 2-21　某镇区部分地块指标控制图

②指导性控制内容

指导性控制内容包括：人口容量，建筑形式、风格、体量、色彩，其他环境要求。

指导性控制内容	含义
人口容量	规划地块内所容纳的居住人口数量。
建筑形式、风格、体量、色彩	在规划范围内根据不同的用地性质和所处的不同位置区别对待，在重点控制区、一般控制区、自由选择区这些不同的区域，其控制和执行要求也不同。
其他环境要求	如对地块内的建筑小品、商业广告、指示标牌等的位置、内容、形式和净空限界作出引导等。

2.4.2　城（集）镇空间城市设计引导

城镇处于城市和乡村之间，规模较小，接近大自然和其固有的人文历史、民族、民俗等特色，因此城镇空间城市设计必须特别注重对城镇特殊性的体现。

（1）城（集）镇空间城市设计的考虑因素

①城镇形态的可感知性和城镇空间的可识别性

缺乏对城镇形态感知方面的考虑，容易造成“千镇一面”的现象，千篇一律，营造大广场、大马路和现代建筑，城镇空间的可识别性差，人们区分不出是到了什么镇。

城镇的形态应该是可感知的，一个可感知的城镇形态是形成可识别的城镇空间的基础，是居民认同城镇并产生归属感的基本条件，是城镇个性特征的体现。城镇形态的可感知因素包括中心、标志物、边界、路径、空间与建筑物特征几个方面。我国至今仍保存着一些历史传统古镇，它们普遍具有较强的城镇形态和可感知性，如一些标志性的建筑、街巷、中心等，人们一到该镇就一目了然，知晓到了哪里。

②城镇景观素材的挖掘、分析与强化

城镇的景观素材主要有：山、水、植物、建筑物（亭、台、廊、桥、台阶、挡土墙、门、围栏等）、艺术品（雕塑、小品）、酒吧、设施等。设计时可对景观素材景象充分分析，发掘潜在的城市设计素材并加以强化，形成城镇景观特色，塑造城镇的个性形象。

③城镇的尺度问题

城镇的尺度就是建立人与城镇、建筑、空间直角的尺度关系以及城镇中建筑之间、空间之间、建筑与空间之间的一种和谐的尺度关系。城镇的尺度应是以人文为中心的一种亲切宜人的尺度，主要是以步行尺度为宜。

这些年来，一些城镇建设的60m宽甚至是100m宽的大街，与两侧建筑物的体量、高度很不和谐，这样的街道空间使人感到空旷和冷漠。

④城镇的空间轮廓设计

城镇的空间轮廓设计应结合其区域背景、自然背景进行研究，对现有空间轮廓的完美进行制高点布局，要有利于保护和加强城镇的自然特征和历史文脉，并积极构筑新景观，提供良好的景观点。

⑤城镇的绿化问题

城镇规模较小，周围有农田、山野等自然环境，可以不需要建设大广场、大绿地、大公园，可根据当地实际，因地制宜，充分利用自然环境条件来设计规模和布局合理的城镇绿化。

以上五个方面是针对城镇现状容易出现的问题而提出的，在城镇空间设计时应结合实际，从这五个方面进行研究与实践，将有助于城镇城市设计工作的展开与深入，有助于城镇形态与空间设计框架的建立。

（2）城（集）镇空间城市设计的内容

①土地利用

土地利用在城市设计工作中是一个主要的研究要素，城市规划中需要注重二维平面，城市设计更注重土地利用在三维空间的使用。

在城市设计中，土地利用主要考虑以下三方面的内容：

a. 注重自然生态环境

城镇的自然形体和景观要素的利用常常是城镇特色所在，如河岸、湖泊、海湾、旷野、山谷、山丘、湿地等，设计时应充分利用城镇所处的基地特征加以精心组织。

在自然环境方面，城镇具备了比城市更优越的条件，应注重自然资源的利用和保护，避免低产出、高污染的产业引入，自然环境一旦遭到破坏，将会付出成倍的代价进行恢复。

b. 集约有效地利用土地

城市设计时应尽可能充分利用城镇有限的空间资源，对用地地上、地下、地面进行综合开发,必要时可以建设建筑综合体的方式来提高土地使用效率。

c. 配套相应的基础设施

基础设施是城镇存在和发展的物质条件,是生产和生活的基本保障条件,是产生聚集效应的决定性条件,在城市设计中要保证基础设施的规模和水平,这是衡量城镇质量和发展前景的重要标志和必要条件。

②开放空间和生态系统

城镇的开放空间指服务于本镇居民的,具有游憩、景观、防灾等一定功能的公共外部空间。

城镇的开放空间能够有机地组织城镇空间和人们的行为,改善交通条件,行使文化、教育、游憩等职能,提供公共活动场所,从而提高城镇生活环境质量,能够维护、改善生态环境,保存自然地景,维护人与自然环境的协调,体现环境的可持续发展。

城镇的开放空间主要有以下用地组成:城镇较大型公园(森林公园、镇级公园、镇区植物园等)、各种普通公园(纪念性公园、游乐场等)、街头游园和专项绿地、各种性质的广场、专用的步行街区、文化性建筑的附属室外休息场地、步行林荫路等。

③建筑形态及其组合

城市设计在控制城镇建筑空间环境时考虑的是建筑形态和组合的整体性,对建筑设计提供了一定的客观控制,包括建筑物的体量、高度、外观、色彩、风格、物质、容积率、限界、后退等,对建筑设计提出鼓励什么,不鼓励什么,反对什么。通过整合设计,控制了单体建筑形态,也把握了建筑组合体的宏观效果,从而构建了城镇风貌。

考虑到城镇特色,建筑形态设计应该把握以下原则:

城镇建筑形态设计原则	内容
保护自然之美	城镇建筑形态之间借助和发扬自然之美,就是不要一味堆砌水泥,不要盲目建设人造景点,而是多利用本镇周围已有的自然风光、自然景点,与周围的农村大环境相协调。
注重乡土特色	城镇建筑形态应具有乡土气息,注意对独有的景点、构筑物的保留,建筑物内部的改造也要把握突出特色,作好特色风貌与时代发展的融合。
强调以人为本	城镇居民是城镇的主人,城镇的空间环境打造以城镇居民的需求和感受为出发点。
逐步形成特色	城镇的建筑形态改造,可以在总体城市设计的指导下逐步实施,城市设计可以引导城镇建设科学合理地展开。
做到舒适实用	城镇建筑形态设计应注重细节,体现本镇居民的意志和需要,为城镇居民提供实用舒适的空间。

④环境设施与建筑小品

城镇城市设计中,环境设施和建筑小品是一个重要组成部分,为城镇提供精巧点缀,增添色彩。

环境设施与建筑小品设计的主要内容包括：

类别	内容
休息设施	露天的椅、凳、桌凳等。
绿化设施	花池、花台、花盆、种植坑、花架等。
水体设施	驳岸、跌水、人工瀑布、桥、亲水平台等。
阻拦设施	围墙、栏杆、缘石等。
方便设施	废物箱、公厕、活动场、车辆停放处、行李寄存处等。
其他设施	灯具、钟饰、雕塑、旗杆等。

环境设施与建筑小品在设计过程中需要注意的原则：

a. 兼顾装饰性、功能性和科学性

环境设施与建筑小品一般体量较小，其形象和色彩往往与其所处空间形成强烈对比，除了其本身所具有的功能用途外还具有一定的装饰性，同时还应考虑人的行为心理和尺度要求，使其布置和设计更具科学性。

b. 保证整体性和系统性

环境设施与建筑小品在设计时应在整体布局安排、尺度比例、用材设色、主次关系和形象连续等方面进行考虑，形成一个系统，在变化中求得统一和协调。

c. 具备可更新和可移动性

环境设施与建筑小品由于使用年限有限，应考虑其更新和移动的可能性。

d. 强调综合化、工业化和标准化

台阶、花坛、水池等可与座椅座凳相结合，采用综合化设计；工业化和标准化的构件设计，可节约投资成本，加快建设速度。

e. 交通与停车

城镇交通系统由动态和静态两方面组成。城市设计关注的是动态交通和静态交通的视觉景观，城镇道路视觉景观直接形成并影响城镇的活动格局、限定城镇形态的特征。

城镇道路交通静态景观，指与道路交通有关的相对固定的客观实体系统，如道路线形、路面铺砌、街面、绿化、街道小品等，作为城镇景观的构成要素，它们的造型、色彩等对体现城镇景观特色具有重要意义。城镇道路交通动态景观是城镇中的公共活动，是城镇活力与生机的体现，如上下班人流、商业街人群、散步的老人、街头献艺表演、盛大狂欢等，都为城镇增添了美与活力，反映了地方风俗和文化特色。

道路视觉景观设计时需要注意以下几方面：

城镇道路设计要点	内容
提升道路本身作为视觉景观要素的作用	如摒弃多余的、不良的景观内容，合理控制道路的宽度以及道路沿线建筑物高度，保留美好的自然景观等。
加强道路的可识别性	如沿路布置识别性较强的环境景观或街道小品，也可根据不同类型的标识突出街道的等级或重要性等。

城镇道路设计要点	内容
突出道路景观的社会效益及文化效益	如通过细节强调道路的社会作用和文化涵养，反映不同城镇的社会氛围。

在城镇停车问题上，提供足够的且最小视觉干扰的停车场地是城市设计成功的基本保障，通常可采用六种途径：

城镇停车问题解决途径	内容
在时间维度上建立“综合停车”规划	即在每天的不同时间里由不同单位或人交叉使用某一停车场地，使之达到最大利用率。如某停车场白天为办公楼、商店使用，夜晚为影剧院、歌舞厅使用。
集中式停车	若干单位合并形成停车区。
采用边缘停车方式	在城镇边缘或某人流汇集区的外围设置停车场地。
限定条件停车	在核心区采用限定停车数量、时间或采用收费等控制手段。
利用地下空间停车	可有效减少地面空间压力。
建设多层车库	有利于节约城镇用地，在设计时应特别注意与城镇景观的连续性和视觉质量，可结合商店或公共设施进行建设。

(3)城(集)镇典型活动空间设计

①城(集)镇广场

广场是根据规划和城市设计的要求而设置的，是为人们提供交往与各种社会活动的公共空间。广场可以用建筑、道路、绿化、小品等组成围合、半围合、开敞等空间。做好城镇广场，关键要把握以下四个方面：

城镇广场设计要点	内容
尊重自然生态，引入可持续发展理念	一方面引入城镇边缘自然的山体、水面、田野，融合或嵌入有限的空间。另一方面充分尊重生态小环境的合理性，以软质环境为主，广植适合当地生长条件的树木，不过分雕琢、贪大求洋。
把握好广场空间尺度比例	城镇广场应是一个有机的、多功能、多层次的空间体系，应根据广场所处的区位、性质，合理确定比例尺度。
尊重地方特色，突现广场个性	城镇广场应根据城镇特色，依托城镇的历史和文脉，使广场既具有地方特色、时代风貌，又与居民生活紧密结合。
注重文化内涵，继承传统氛围	城镇广场设计可运用隐喻、暗喻手法，运用各种建筑文化符号，体现广场文化内涵，也可在广场周边安排文化设施，为人们提供多样化的文化活动。

总之，城镇广场设计要从实际出发，充分考虑广大农村居民的心理需求、交往需求、空间需求、文化需求，创造出适应各种要求各具特色的城镇广场。

②城(集)镇街道

城镇街道景观由天空、周边建筑和路面构成。街道路面或分割或联系建筑群,路面的材料形成丰富多彩的街道路面景观;周边建筑的风格、体量、尺度、材质、色彩等均构成重要的街道景观,直接关系到空间环境的秩序和连续性。

城镇街道空间设计时应满足以下要求:

城镇街道设计要点	内容
处理好人车交通的关系	既要方便汽车通行,又要较少对行人的干扰;既要方便人车进出,又要防止穿越交通。
处理好道路各部分关系	设计时处理好步行道、车行道、绿化带、街道交叉口、人行横道等各个部分的关系。
可将街道分段设计	街道在不同地段其功能、人流、车流疏密程度情况也不同,设计时可将街道分成不同段落,设计相应街道空间。
步行优先的原则	城镇街道应满足生活功能要求,创造适合人们交流的场所,丰富街道景观,满足步行优先的原则,创造宜人的城镇街道空间尺度。

城镇街道应结合当地风貌、空间、经济等情况,进行有侧重点的设计。

③城(集)镇中心区

城镇中心区指城镇中人们进行公共活动的地方,集中了城镇第三产业的各种项目,如公共建筑、行政办公建筑、商业建筑、文化娱乐设施等。城镇中心区是城镇建设的精髓所在,能够突出展示城镇的风貌特色。

城镇中心区的城市设计应把握以下四方面要求:

城镇中心区设计要点	内容
土地使用种类的多样性和提高土地的开发强度	城市设计中尽可能整合办公、商贸、文化娱乐、居住等多种功能,可进行较高密度和较强商业性的开发,发挥城镇中心区多元性的综合效益,突出城镇中心的形象。
强调空间组合的紧密性	城镇中心因具有较高的建筑密度,建筑连续界面较多,在设计过程中应当注重节奏,通过广场、绿地,对建筑空间进行调节,使城镇中心区空间设计更合理。
创造便利的交通联系	城镇中心区应具备较好的交通可达性,能方便居民由城镇边缘较快地进出中心区,并有较为简单的交通方式便捷地穿梭活动于城镇中心区各主要场所之间,并对交通和停车布局有较详尽的安排。
注重城市设计细节	城镇中心区应具有令人向往、舒心愉悦、积极向上的意义,需要精心设计中心区的标志性建筑物,设置广场和街道设施、建筑小品、环境艺术雕塑等,打造安全、稳定、舒适的环境空间。

④城(集)镇社区

城镇社区是按地域组织起来的人口,是深深扎根在他们所生息的土地上的大众,是区域化的具体社会。社区从功能上应强调满足居民生活各个方面的需要,应重视人与人的交往和互助。

在城市设计过程中,可以通过对社区环境的塑造来为居民提供一种回归的氛围,并注意以下几个要素:

城镇社区设计要点	内容
空间尺度	城镇社区空间尺度以小为宜,较小的空间具有更多的界面,能让更多人停留其中,更有丰富活动的可能性,更利于人与人之间的交流。
配套设施	从居民的实际生活来看,较多的交往活动都是在其他行为的过程中顺带发生的,因此,社区的公共交往空间应设置在居民出行的主要路径上,沿线布置配套设施和建筑小品,方便居民的交往。
文化内涵	布设人文景观或文化小品往往能给社区居民在某种程度上带来愉悦,在展开交往的时候,文化交流通常能成为交往深入和持久的平台。

⑤城(集)镇历史地段

城镇历史地段代表了城镇的历史发展脉络,拥有集中反映城镇特色的建筑群,具有完整浓郁的传统风貌,不仅记载了城镇大量的历史文化信息,还记载着城镇今天发展的信息。

城镇历史地段在设计过程中需要关注和保护的对象大致有三方面:

城镇历史地段保护对象	内容
历史遗存	如古遗址、古建筑、古树名木等。
文物环境及城镇街巷风貌	如自然环境、建筑风格等,对周边新建、扩建、改建项目的高度、体量、色彩、形式等作出规定。
传统文化艺术	包括具有地方特色的戏曲、服饰、民俗、工艺等。

城镇历史地段的保护设计过程中,应充分考虑以下原则:

城镇历史地段保护设计要点	内容
要保护和延续原有的空间结构和网络	如传统的街道格局、河湖水系、山体地形等。
要保护原有的空间尺度感觉	如建筑的体量、高度和街道的宽度等。
要保护空间的界面特征	如建筑物的立面、屋顶质感等。

⑥城(集)镇夜景环境

在城镇建设中,灯光夜景艺术也是城镇风貌的延续。灯光夜景能在夜晚给人们以视觉冲击,进一步增强城镇吸引力,可以强化城镇空间的节奏,对城镇景观进行夜间重塑。

城镇夜景环境设计应把握如下原则:

城镇夜景设计要点	内容
突出城镇特色	每个城镇都有自己的定位,或现代繁华、或古朴典雅、或异域风光,应根据城镇定位确定其夜景定位,形成一个整体规划。

城镇夜景设计要点	内容
夜景环境分区	灯光环境的设计应按城镇区域功能分区来确定夜景的表现主题，如商业区要求灯光变幻、气氛热烈；行政办公区则要求庄重大方、高雅严肃等。
和谐统一	夜景环境的设计要求灯光与自然环境、建筑环境、人文环境和城市片区功能和谐一致，不同的环境、不同的载体要有不同的主题思想、表现手法和实现方法。
环境保护	夜景环境的设计应注重白天景观的美化、保持和延续，并有效防止光污染现象的发生。

城镇城市设计中，典型的灯光设计对象有以下几种：

城镇夜景设计对象	内容
各类建筑物	城市夜景环境的主要载体，具有视野宽广、造型多样、立体感强等优点。
市政道路	如对道路灯光进行系统化处理，要求灯杆、灯具、光源具有多样化和艺术化的特点；行道树可采用投光灯照亮或用满天星装点树冠；商业街道采用拱形灯光带组成灯光长廊等。
公园绿地	强调休闲性，灯光以柔和为主，适当的灯光小品进行点缀，形成休闲的环境。
广告牌	广告牌灯光是亮和动的组合。常用的光源有白炽灯、卤钨灯、荧光灯、霓虹灯等，通过对不同光源的运用，达到吸引人的注意和美化环境的双重作用。

2.5 近期建设与规划实施

知识目标

理解和记忆镇规划用地分类；掌握各类用地包含的内容；记忆各类用地颜色和代码；掌握镇区规划人均建设用地的确定方法和四大类建设用地的比例关系。

知识引入

某镇镇区人口8200人，规划远期人口20000人；镇区现状建设用地92.39公顷，现状人均建设用地112.7m^2/人，规划镇区建设用地220.0公顷，人均建设用地110.0m^2/人。

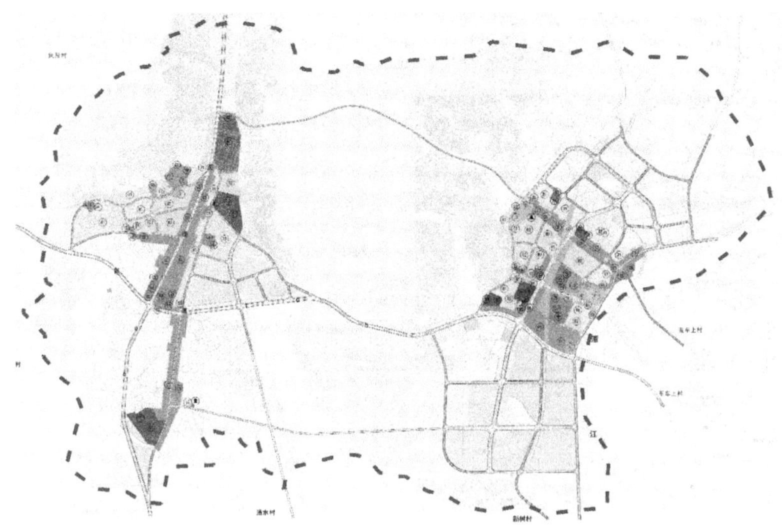

图 2－22 某城镇近期建设规划示意图

2.5.1 城镇近期建设规划

近期建设规划是落实城镇总体规划的重要步骤，是城市近期建设项目安排的依据。

近期建设规划的基本任务	①明确近期内实施城镇总体规划的发展重点和建设时序； ②确定城镇近期发展方向、规模和空间布局，自然遗产与历史文化遗产保护措施； ③提出城镇重要基础设施和公共设施、城镇生态环境建设安排的意见。
编制近期建设规划的原则	①处理好近期建设与长远发展、经济发展与资源环境条件的关系，注重生态环境与历史文化遗产的保护，实施可持续发展战略； ②与城镇国民经济和社会发展计划相协调，符合资源、环境、财力的实际条件，并能适应市场经济发展的要求； ③坚持为最广大人民群众服务，维护公共利益，完善城镇综合服务功能，改善人居环境； ④严格依据城镇总体规划，不得违背总体规划的强制性内容。
近期建设规划的期限	五年，原则上与城镇国民经济和社会发展计划的年限一致。
近期建设规划强制性内容	①确定城镇近期建设重点和发展规模； ②依据城镇近期建设重点和发展规模，确定城镇近期发展区域。对规划年限内的城镇建设用地总量、空间分布和实施时序等进行具体安排，并制定控制和引导城镇发展的规定； ③根据城镇近期建设重点，提出对历史文化名城、历史文化保护区、风景名胜区等相应的保护措施。

<table>
<tr><td>近期建设规划指导性内容</td><td>①根据城镇建设近期重点，提出机场、铁路、港口、高速公路等对外交通设施，城镇主干道、轨道交通、大型停车场等城镇交通设施，自来水厂、污水处理厂、变电站、垃圾处理厂以及相应的管网等市政公用设施的选址、规模和实施时序的意见；
②根据城镇近期建设重点，提出文化、教育、体育等重要公共服务设施的选址和实施时序；
③提出城镇河湖水系、城镇绿化、城镇广场等的治理和建设意见；
④提出近期城镇环境综合治理措施。</td></tr>
</table>

2.5.2 城镇规划实施

(1)城镇规划编制与审批

城镇规划实施包括多方面，其中最为重要的是城镇规划的编制及审批，其是研究和确定城乡的性质、发展目标、发展规模以及城乡形态，统筹安排城乡建设用地布局、功能分区，规范城乡综合交通体系、水域及绿地系统，提出环境保护目标及重要设施，合理配置城乡各项基础设施等项内容的规划。为了充分发挥其作用，需要加强对其进行编制与审批。

<table>
<tr><th colspan="2">规划层次</th><th>编制</th><th>审批</th></tr>
<tr><td colspan="2" rowspan="2">镇总体规划</td><td>县政府所在地镇总体规划：县人民政府组织编制。</td><td>报上一级人民政府审批。</td></tr>
<tr><td>其他镇总体规划：镇政府组织编制。</td><td>报上一级人民政府审批。</td></tr>
<tr><td rowspan="4">详细规划</td><td rowspan="2">控制性详细规划</td><td>城市和县人民政府所在地镇：城市和县人民政府城乡规划主管部门组织编制。</td><td>本级人民政府批准后，报本级人民代表大会常务委员会和上一级人民政府备案。</td></tr>
<tr><td>其他镇：所在镇人民政府组织编制。</td><td>镇人民政府报上一级人民政府审批。</td></tr>
<tr><td rowspan="2">修建性详细规划</td><td>重要地块：城市、县城乡规划主管部门和镇人民政府组织编制。</td><td>城市、县城乡规划主管部门依法审定。</td></tr>
<tr><td>非重要地块：建设单位组织编制。</td><td>城市、县城乡规划主管部门依法审定。</td></tr>
</table>

超星学习通：
《中华人民共和国城乡规划法(2019修正)》

(2)用地审批与一书三证审批程序

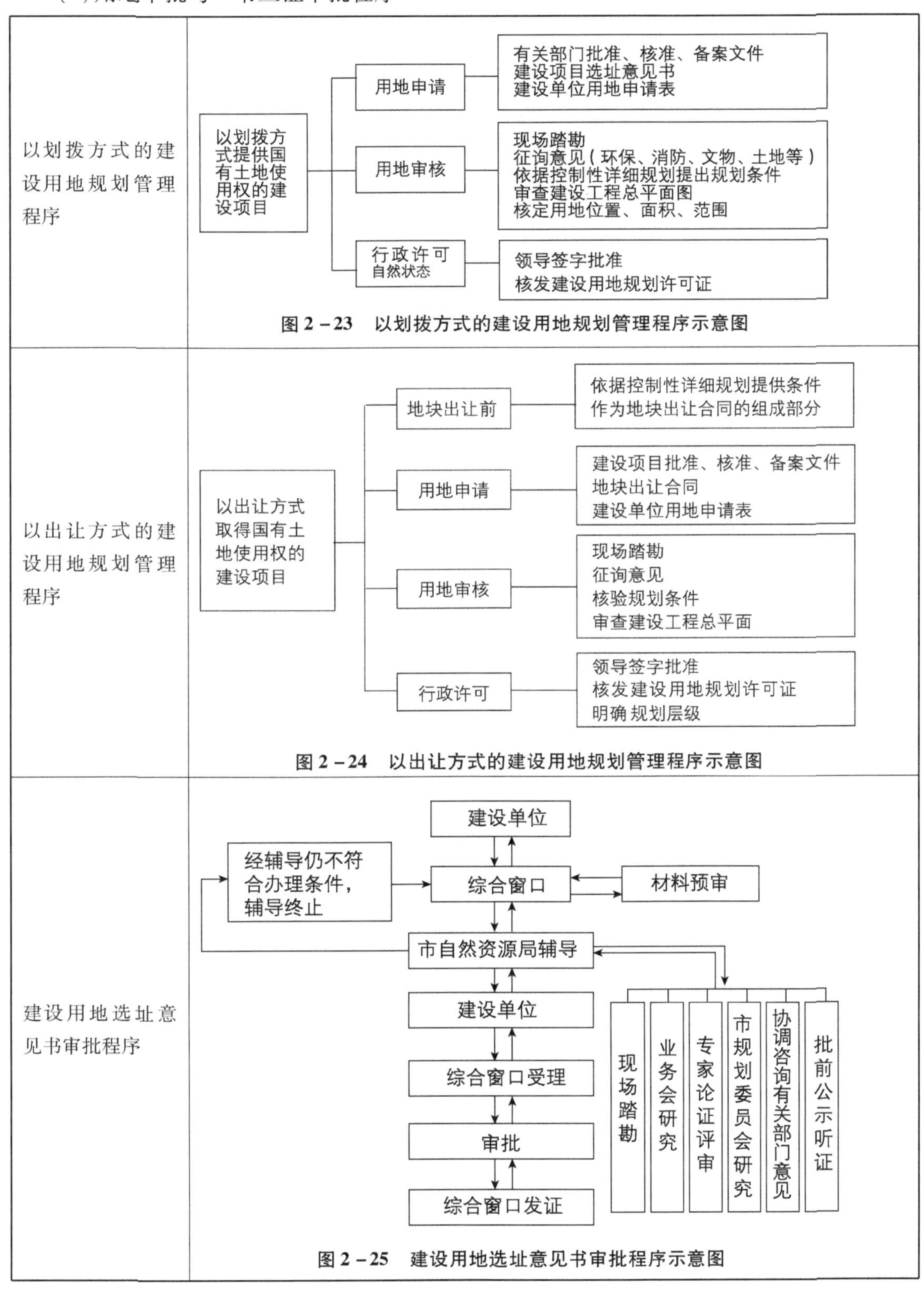

图2－23　以划拨方式的建设用地规划管理程序示意图

图2－24　以出让方式的建设用地规划管理程序示意图

图2－25　建设用地选址意见书审批程序示意图

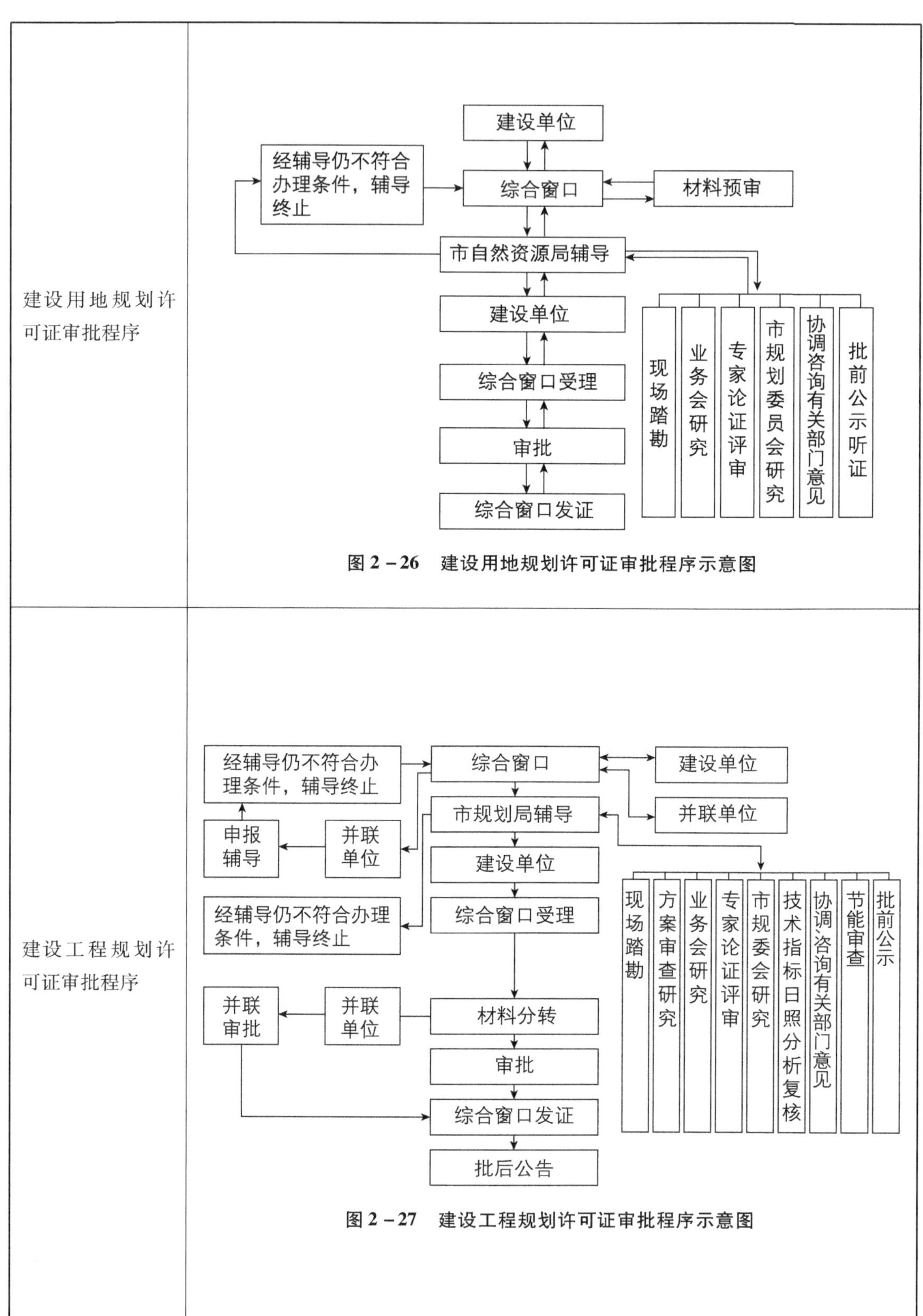

图 2－26　建设用地规划许可证审批程序示意图

图 2－27　建设工程规划许可证审批程序示意图

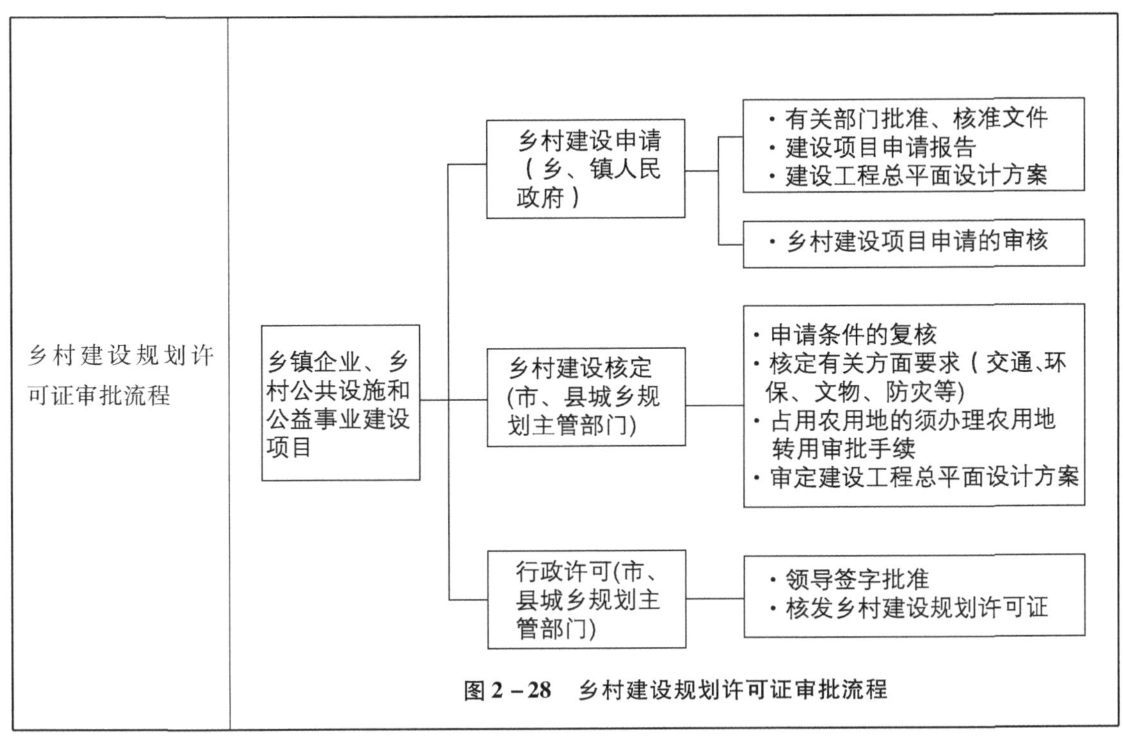

图 2－28　乡村建设规划许可证审批流程

2.6　公用工程设施规划

知识目标

能够完成城镇各专业工程系统现状的调查研究，完成公用工程设施现状图绘制；能够依据城镇发展目标，预测各专业工程系统规划期限的负荷；结合城镇规划总体布局，布局各专业工程系统关键性主要设施和网络系统；进行工程管线综合规划，协调和完善城市总体布局，完成公用工程设施规划图绘制。

知识引入

某城镇公用工程设施规划图纸，如下图所示：

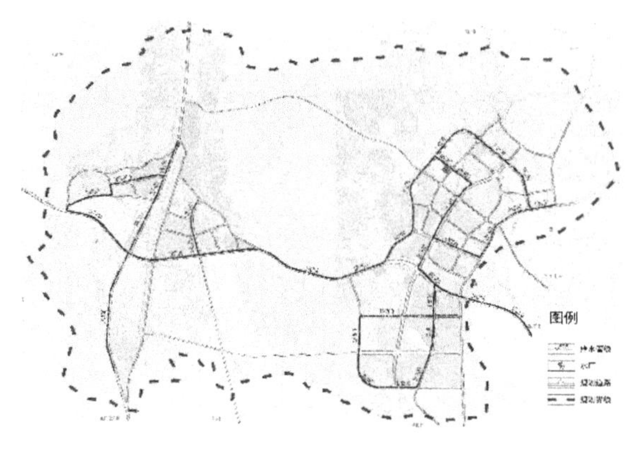

城镇给水工程规划图：要标明水源、水厂的位置、占地、供水能力等；输配水干管走向、管径。

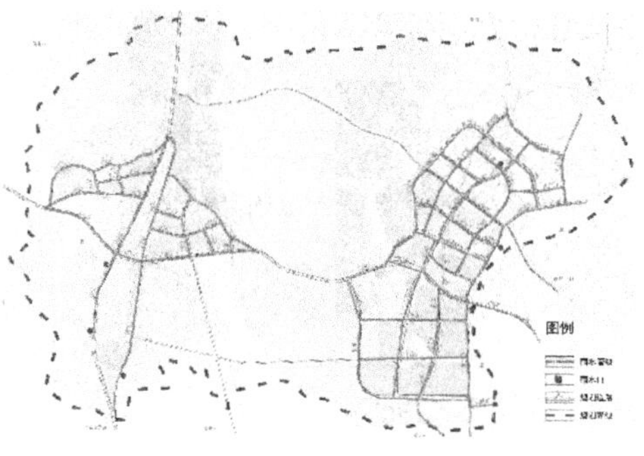

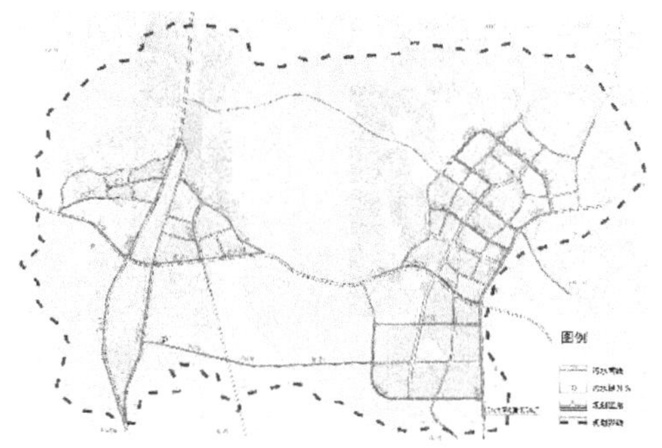

城镇排水（雨水、污水）工程规划图：应标明现状城镇排水系统的布置和主要设施情况；应标明排水管渠干线位置、走向、管径和出口位置；应标明排水泵站和其他排水构筑物规模、位置等；应标明污水处理厂位置、用地范围等。

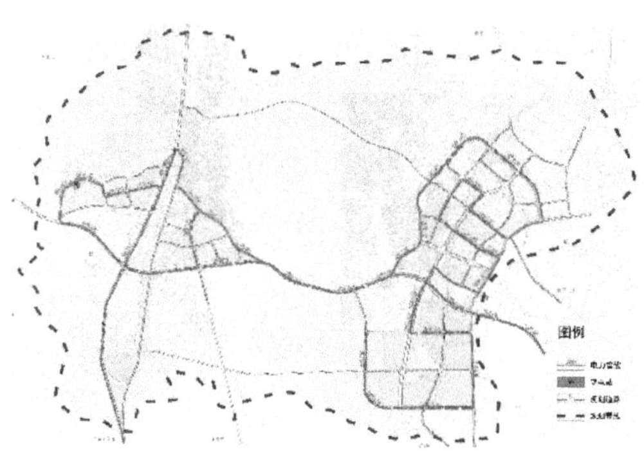

城镇电力工程规划图：需明确电源、高压变电设施位置和容量、高压网络布局和线路走向、敷设方式、电压等级、高压走廊用地范围。

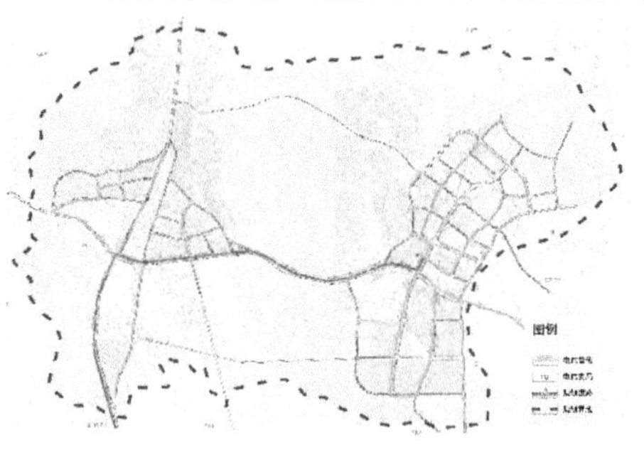

城镇通信工程规划图：需明确城镇邮政局所、电话局所、卫星通信接收站等通信设施的规划位置和用地范围；电话、有线广播、有线电视及其他通信线路干线规划走向和敷设方式。

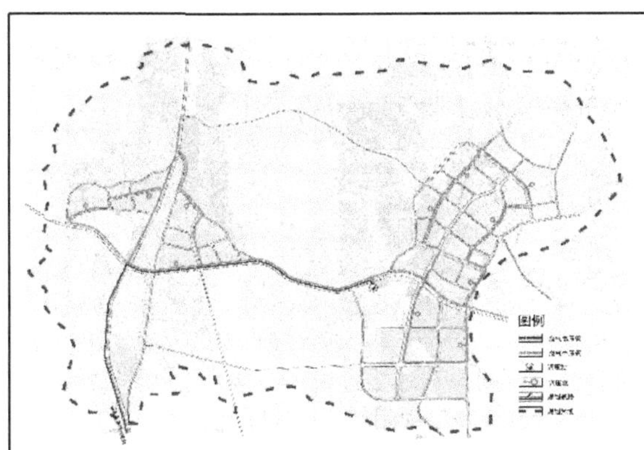

城镇燃气工程规划图:需明确城镇燃气气源输配设施的位置、容量和用地范围,以及输气干线管网布局。

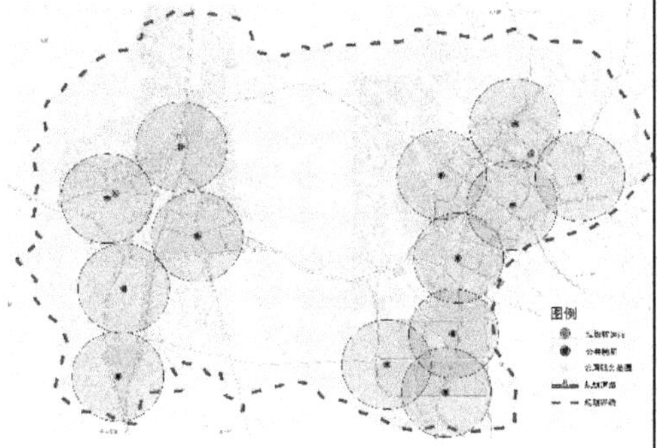

城镇环境卫生设施规划图:需明确垃圾收集点、转运站、公共厕所、环境卫生设施管理机构等设施的位置、规模、服务范围等。

2.6.1 城镇给水工程规划

(1)城市给水系统

给水工程按其工作过程,大致可分为三个部分:取水工程、净水工程和输配水工程。

①取水工程。包括选择水源和取水地点,建造适宜的取水构筑物。其主要任务是保证城市用水量。

②净水工程。建造给水处理构筑物,对天然水质进行处理,以满足生活饮用水水质标准或工业生产用水水质标准要求。

③输配水工程。将足够的水量输送和分配到各用水地点,并保证水压和水质。为此需敷设输水管道、配水管网和建造泵站以及水塔、水池等调节构筑物。水塔或高地水池常设于城市较高地区,借以调节用水量并保持管网中有一定压力。

在输配水工程中,输水管道及城市管网较长,它的投资占很大比重,一般约占给水工程总投资的50% ~80% 。

配水管网又分为干管和支管,前者主要向城镇输水,而后者主要将水分配到用户。

城市给水水源有地面水和地下水之分。城镇取用地面水及地下水系统的一般组成,如下图所示。

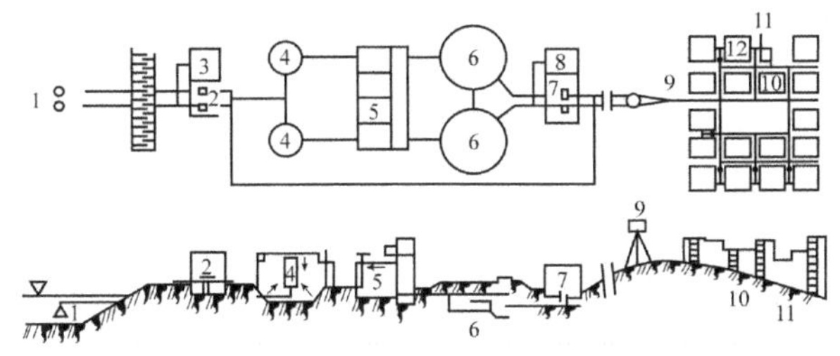

图2-29 地面水源的给水系统示意图

1—吸水管;2—一级泵站;3—加氯间;4—澄清池;5—滤池;6—清水池;
7—二级泵站;8—水塔;9—输水管;10—配管网;11—进户管;12—室外消火栓

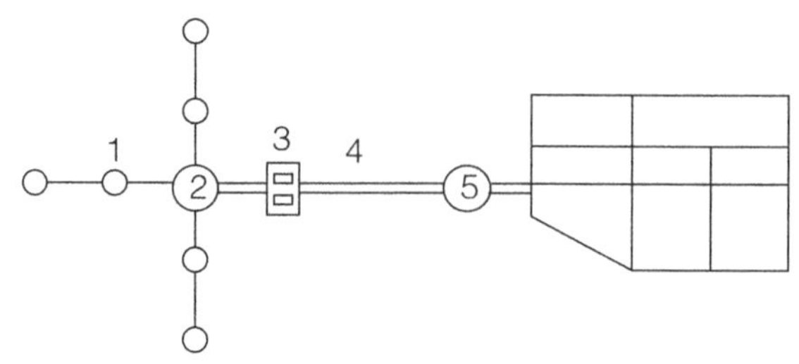

图 2－30　地下水源的给水系统示意图

1—管井群;2—集水池;3—泵站;4—输水管;5—水塔

(2)城镇给水工程规划的任务、内容

①主要任务

根据城镇和区域水资源的状况,合理选择水源,科学合理地确定用水量标准,预测城乡生产、生活等需水量,确定城镇自来水厂等设施的规模和布局;布置给水设施和各级供水管网系统,满足用户对水质、水量、水压的要求。

②主要内容

城镇给水工程规划是城镇总体规划中的主要内容。确定用水量标准,预测城镇总用水量;平衡供需水量,选择水源,确定取水方式和位置;确定给水系统的形式、水厂供水能力和厂址,选择处理工艺;布置输配水干管、输水管网和供水重要设施,估算干管管径。

③城镇用水量预测方法

城镇用水量预测的方法有人均综合指标法、单位用地指标法、线性回归法、年递增率法、生长曲线法、生产函数法、城镇发展增量法、分类加和法等。在城镇规划的实践中,通常以人均综合指标法、单位用地指标法、年递增率法和分类加和法等较为常用。在实际计算城镇用水量时应参照《城市给水工程规划规范》(GB 50282—2016)对用水量指标进行合理选定。

(3)城镇给水工程规划

①城镇水源选择

城镇水源是指可供城镇利用的水资源,即城镇可以利用的地下水、地表水、海水、其他水源等,还包括再生水、暴雨洪水。

选择城镇给水水源时应遵循以下原则:

a. 水源具有充足的水量,满足城镇近、远期发展的需要。城镇饮用水选用的顺序为:先地表水,后地下水;先节水,后远距离调水;城镇水源应优先保证城镇居民生活用水。

b. 水源具有较好的水质。

c. 水源地的选择要结合城镇总体规划的布局,与城区的距离要适当,既防止远距离供水,也要便于水源地的防护。

d. 城镇可选用一个水源或多个水源,城镇布局分散时,常用多个水源。

②城镇水源保护

a. 水源保护的一般措施。水源保护应从区域着手,应在区域的开发规划中考虑。要对河流、地下水进行常年的监测;对开采是否过量、水质是否污染进行观测与报告;对流域进行水土保护工作;在城镇总体规划布局时,对水资源有污染的企业的布置及污水处理的措施应严格审批控制。

b. 水源地的卫生防护。在城镇总体规划或区域范围较大的市域规划中应划定水源的保护地及保护范围。保护区可以分一级、二级保护区及准保护区。

c. 在地表水水源取水口的附近一定陆域应作为地表水源一般保护区,其水源标准应不低于二类,在其余的水域或陆域划定二级保护区,其水源标准应不低于三类。

d. 取水点周围要禁止捕捞、泊船、游泳等。取水点上游 100m 以内不得有工业及生活污水排入。

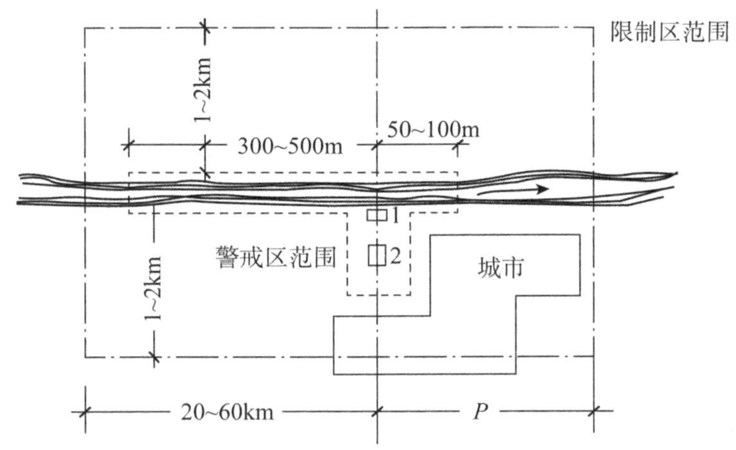

图 2-31 水源卫生防护范围示意图

1—取水构筑物;2—净水构筑物

(4)净水工程设施规划

①给水处理的工艺

给水工程常用的净水工艺包括自然沉淀、混凝沉淀、过滤、消毒等,不同水质采用不同的处理工艺。净水处理一般在水厂中进行。

②水厂规划

a. 水厂布局原则

水源条件:新建水厂应有可靠的水源保障;

建设条件:新建水厂厂址应有良好的工程地质、交通和供电条件;

安全条件:新建水厂必须远离化学危险品生产储存设施;

配水条件:新建水厂应该尽可能与现状水厂形成布局合理、便于配水的多水源供水系统。

下表是不同规模的地表水厂和地下水厂建设用地控制指标,其中地表水厂为常规净水工艺,地下水厂为消毒工艺。水厂厂区周围应设置宽度不小于 10m 的绿化地带,以利于水厂的卫生防护和降低水厂的噪声对周围的影响。

建设规模(万 m^3/d)	地表水水厂($m^2\cdot d/m^3$)	地下水水厂($m^2\cdot d/m^3$)
5 ~ 10	0.7 ~ 0.5	0.4 ~ 0.3
10 ~ 30	0.5 ~ 0.3	0.3 ~ 0.2
30 ~ 50	0.3 ~ 0.1	0.2 ~ 0.08

注:建设规模大的取下限,建设规模小的取上限。

b. 本表指标未包括厂区周围绿化地带用地。

(5)输配水管网规划

城镇用水经过净化之后,还要通过安装大口径的输水干管和敷设配水管网,将水输配到各用水地区。输水管道不宜少于两条。管网的布置一般有两种形式:树枝状和环状。

树枝状管网的管道总长度较短,一旦管道某一处发生故障,供水区容易断水,因此其总投资较省,供水安全性较差。环状管网的利弊恰恰相反。城镇中心地区配水管网一般敷设成环状,在允许间断供水的边缘地区,可敷设成树枝状。在实践中,常采用两者相结合的布置方式。

供水管网是供水工程中一个主要部分,它的修建费用约占整个供水工程投资的 40% ~ 70%。管网的合理布置,不仅能保证供水,并且有很大的经济意义。

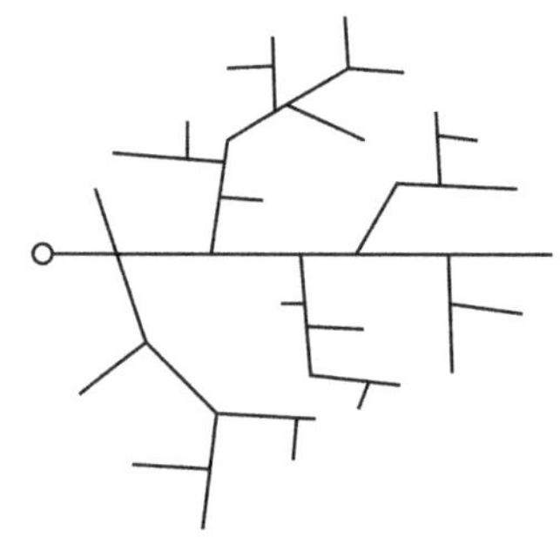

图 2-32 树枝状管网示意图

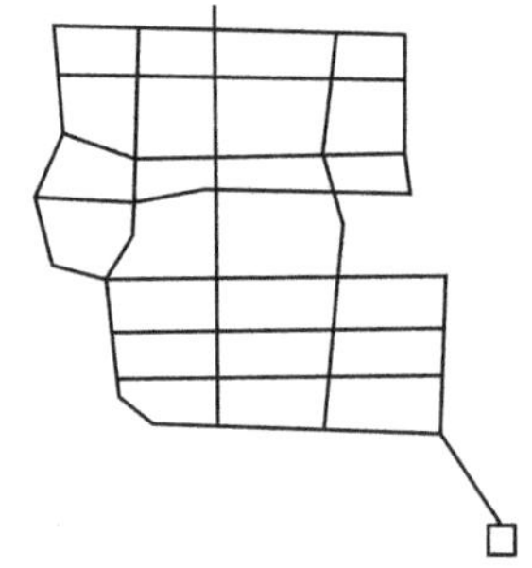

图 2-33 环状管网示意图

①管网布置应根据城镇地形、城镇规划或发展方向、道路系统、大用水量用户的分布、水压的要求、水源位置以及与其他管线综合布置等因素进行规划设计。一般要求管网比较均匀地分布在整个用水地区,用输水干管通向水量调节构筑物(水塔、高地水池)和用水量大的用户。干管要布置在地形较高的一边。环状管网环的大小,即干管间距离应根据建筑物用水量和对水压的要求而定。管道应尽量少穿越铁路和河流。过河的管道,一般要设两条,以保安全。

②居住区内的最低水头,平房为 10m,二层居住房屋为 12m,二层以上每层增加水头 4m。高层居住大多自设加压设备,规划管网时可不予考虑,以免全面提高供水水压。

③地形高低相差大的城镇,为了满足地形较高地区的水压要求,避免较低地区的水压过大,应考虑结合地形,分设不同水压的管网系统;或按低地要求的压力送水,在地形较高地区加压。

④必须节约用水,在用水量很大的工业企业,应尽可能地考虑水的重复利用,如电厂的

冷却用水循环使用,或供给其他工厂使用。

2.6.2 城镇排水工程规划

(1)城镇排水

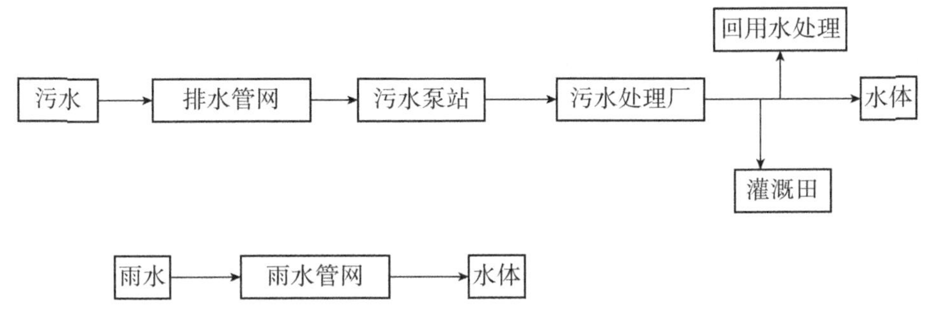

图2-34 城镇排水系统示意图

城镇排水的对象是雨水和污水。按照来源不同,城镇排水可分为生活污水、工业废水、降水。城镇污水是指排入城镇排水管道的生活污水和工业废水的总和。

不同种类排水的要求:

生活污水:收集后需经处理才能排入水体、灌溉农田或再利用。

工业废水:工业生产过程中所产生或使用过的水,根据污染程度不同可分为生产废水、生产污水。处理、收集、再处理、排除或直接排除。

降水:地面上径流的雨水和冰雪融化水,雨水时间较为集中,径流量大,需及时排除。

对雨水和污水采用不同的排放方式所形成的排水系统,称为排水体制。排水体制分为合流制和分流制两大类。

(2)排水体制的选择

城镇排水体制应在综合分析的基础上因地制宜地选择,《城市排水工程规划规范》(GB 50318—2000)规定:新建城镇、扩建新区、新开发区或旧城改造地区的排水体制应采用分流制。

排水体制	定义	名称	特点(造价、污染等情况)
合流制	将雨水和污水统一进行收集、输送、处理、再生和处置的排水系统。	直排式合流制	投资省、污染大,一般不宜采用。
		截流式合流制	投资较省、污染不大,适用于干旱地区、旧城改建地区。
分流制	分流制排水系统是指雨水和污水单独收集、处理和排放的排水系统。	完全分流制	新建地区一般采用该形式。
		不完全分流制	有合适的地形,且水系健全地区。

(3)城镇排水工程规划的任务、内容

①主要任务:根据城镇用水状况和自然环境条件,确定规划期内污水处理量,污水处理

设施的规模与布局,布置各级污水管网系统;确定城镇雨水排除与利用系统规划标准、雨水排除出路、雨水排放与利用设施的规模与布局。

②主要内容

城镇总体规划中的主要内容。确定排水制度;划分排水区域,估算雨水、污水总量,制定不同地区污水排放标准;进行排水管、渠系统规划布局,确定雨水、污水主要泵站数量、位置以及水闸位置;确定污水处理厂数量、分布、规模、处理等级以及用地范围;确定排水干管、渠的走向和出口位置;提出污水综合利用措施。

(4)污水工程规划

①污水量估算

一般分流制系统中,污水量可由规划期末平均日用水量乘以污水排放系数得到。污水排放系数可按如下估计:生活污水排放系数0.8~0.9;工业废水排放系数0.7~0.9;城镇污水排放系数0.7~0.8。

②污水处理厂

a.污水处理程度。污水处理程度应根据污水水质、水量、处理后的出路及受纳水体的环境容量来确定,目前一般要求达到二级处理,如考虑污水回用,则需进一步提高污水处理的程度。

b.污水处理工艺。污水处理工艺一般包括沉砂、沉淀、曝气、生物过滤以及消毒等,分别由各种处理构筑物来进行处理。一级处理以沉淀工艺为主,主要去除悬浮物;二级处理以生物处理为主体,以去除有机污染物为主。

c.污水处理厂布局。污水处理厂应设在地势较低处,便于城镇污水汇流入厂内,其位置应靠近河道,最好布置在城镇水体的下游,这样不致污染城镇附近的水面,并应在城镇最小风频的上风侧;污水处理厂应离开居住区,并保持有一定宽度的隔离地带;用地的水文地质条件须能满足构筑物的要求;少拆迁,少占农田;地形宜有一定的坡度,有利于污水污泥的自流;厂址应考虑靠近使用处理后污水的主要用户,要考虑污泥的运输及处置;厂址要有良好的电力供应,最好是双电源;卫生防护距离一般大于300m;应留有扩建的余地。污水处理厂规划用地指标如下表:

处理能力(万 m^3/d)	一级处理($m^2 \cdot d/m^3$)	二级处理($m^2 \cdot d/m^3$)	深度处理($m^2 \cdot d/m^3$)
1~5	0.55~0.45	1.20~0.85	1.60~1.20
5~10	0.45~0.40	0.85~0.70	1.20~0.95
10~20	0.40~0.30	0.70~0.60	0.95~0.80
20~50	0.30~0.20	0.60~0.50	0.80~0.65
50~100	0.50~0.40	—	—

③污水收集系统

a.系统组成。城镇污水收集系统包括室内污水管道和设备、室外污水管道、检查井和污水泵站等。规划阶段,污水收集系统主要进行室外污水管道和污水泵站布置。

b. 污水管道的平面布置。在污水管道的平面布置中,尽量用较短的管线、较小的埋深,把最大排水面积上的污水送到污水处理厂或水体。

影响污水管道平面布置的主要因素有城镇地形、水文地质条件;城镇的远景规划、竖向规划和修建顺序;城镇排水体制、污水处理厂、出水口的位置;排水量大的工业企业和大型公共建筑的分布情况;街道宽度及交通情况;地下管线、其他地下建筑及障碍物等。

污水管道平面布置要充分利用有利条件,综合考虑各主要影响因素,并按下述原则进行:

a. 污水主干管一般布置在排水区域内地势较低的地带,沿集水线或沿河岸低处敷设,以便支管、干管的污水能自流入主干管。按照城镇的地形,污水管道常布置成平行式和正交式。

b. 平行式布置的特点是污水干管与地形等高线平行,而主干管与地形等高线正交,如下图污水干管平行式布置所示。

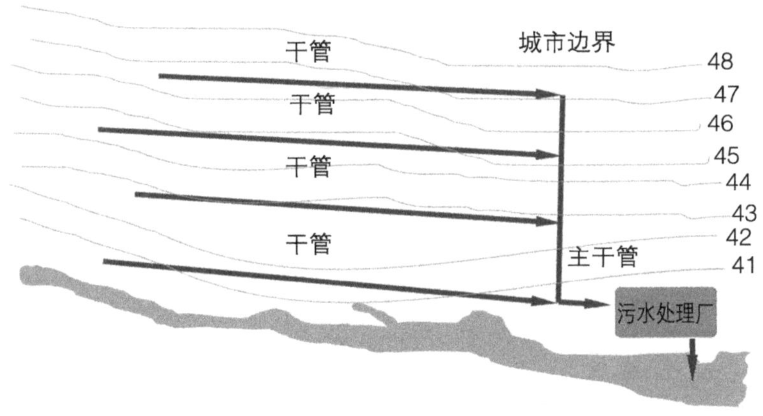

图 2-35 污水干管平行式布置示意图

正交式布置形式适用于地形比较平坦、略向一边倾斜的城镇或排水区域。污水干管与地形等高线正交,而主干管布置在城镇较低的一边,与地形等高线平行,如下图所示。

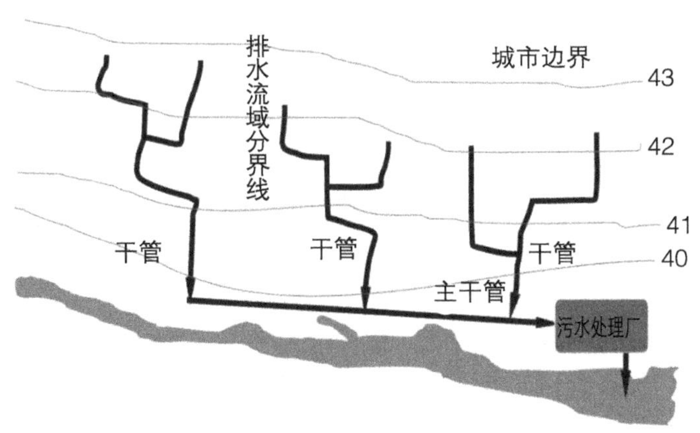

图 2-36 污水干管正交式布置

污水干管一般沿城镇道路布置。通常设置在污水量较大、地下管线较少一侧的人行道、绿化带或慢车道下。当道路宽度大于 40m 时,可以考虑在道路两侧各设一条污水干管。

污水管道应尽可能避免穿越河道、铁路、地下建筑或其他障碍物，也要注意减少与其他地下管线交叉。尽可能使污水管道的坡降与地面坡度一致，以减少管道的埋深。

c. 污水泵站。污水泵站在污水收集系统中主要起提升污水的作用。当污水管道埋深超过当地地下管线允许埋深时，就应考虑设置污水泵站。

(5)雨水工程规划

①雨水系统。城镇雨水系统由雨水口、雨水管渠、检查井、排水出口及雨水泵站等排水设施组成。规划阶段，雨水系统主要是进行雨水管渠和雨水泵站的布置。

②雨水管渠布置。雨水管渠一般沿道路布置，在确定管渠走向时，要充分利用地形和水系，在地势较高、地形坡度较大的排水分区，雨水应当以最短的距离分散排入附近水系；在地势低平的排水分区，当排水出口建设比较简单，雨水管渠也应按照就近、分散排放的原则布置，当出水口需要穿越城镇干路、铁路、防洪堤等设施时，雨水宜适度集中排放。

在道路宽度大于40m的路段，雨水管渠宜采用双侧布置。

③雨水泵站布置。雨水泵站应综合考虑分区内雨水管渠、水系分布、控制设施等情况，优化布置。雨水泵站一般布置在雨水管渠出口附近，立交桥下的雨水泵站一般布置在路面最低点附近。

2.6.3 城镇电力工程规划

(1)城镇供电系统

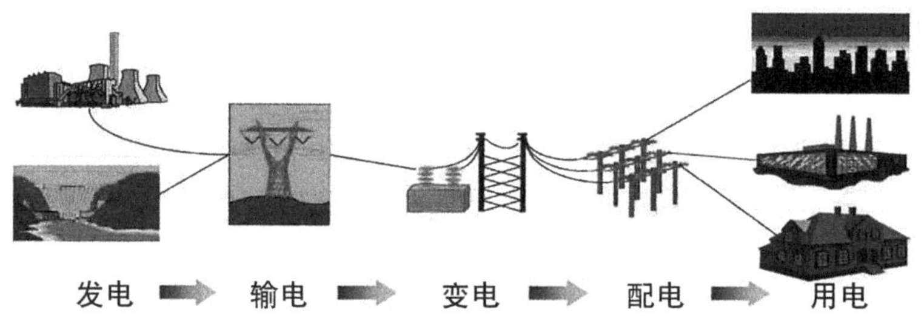

图2-37 城镇供电系统示意图

城镇供电系统由城镇电源、送电网、高压配电网和中、低压配电网组成。

①城镇电源。指城镇发电厂和接受市域外电力系统电能的电源变电所(站)。目前，我国作为城镇电源的发电厂以火电厂、水电厂为主，并正在发展核电厂。

②送电网。指与城网有关的220kV送电线路和220kV变电所(站)。送电网是电力系统的组成部分，又是城网的电源。

③高压配电网。包括110kV、63kV、35kV的线路和变电所(站)。

④中、低压配电网。包括10kV线路配电所、开闭所和380/220V线路。

(2)城镇供电工程规划的任务、内容

①主要任务。根据城镇和区域电力资源状况，合理确定规划期内的城镇用电量、用电负荷，进行城镇电源规划；确定城镇输配电设施的规模、布局以及电压等级；布置变电所(站)等

变电设施和输配电网络;制定各类供电设施和电力线路的保护措施。

②主要内容

城镇总体规划中的主要内容:预测城镇供电负荷;选择城镇供电电源;确定城镇电网供电电压等级和层次;确定城镇变电站容量和数量;布局城镇高压送电网和高压走廊;提出城镇高压配电网规划技术原则。

(3)城镇供电工程规划

①电力负荷预测方法。城镇电力总体规划阶段负荷预测方法常选用电力弹性系数法、回归分析法、增长率法、人均用电指标法、负荷密度法等。

城镇总体规划阶段,当采用人均用电指标法或横向比较法预测或校核某城镇的城镇总用电量(不含市辖市、县)时,其规划人均综合用电量指标的选取,应根据所在城镇的性质、人口规模、地理位置、社会经济发展、国内生产总值、产业结构、地区动力资源和能源消费结构、电力供应条件、居民生活水平及节能措施等因素,以该城镇的人均综合用电量现状水平为基础,对照表中相应指标分级内的规划人均综合用电量幅值范围,进行综合研究分析、比较后,因地制宜选定。

②电源规划布局

a. 城镇发电厂的布置。应符合城镇总体规划的要求,尽量布局在三类工业用地内;尽量靠近铁路、港口的运输线,靠近水源;燃煤电厂应有足够的储灰场;厂址应考虑电厂输电线路的出线要求,留有适当的出线走廊宽度;电厂厂址应设在城镇主导风向的下风向,并应有一定的防护距离;厂址应满足地震防震、防洪等建厂条件要求,厂址标高应高于百年一遇的洪水位。

b. 城镇变电所的布置。应根据城镇总体规划布局、负荷分布及其与地区电力系统的连接方式合理确定变电所的位置;交通运输方便,宜避开易燃、易爆区和大气严重污染的区域;应考虑对周围环境和邻近工程设施的影响和协调,如军事设施、通信电台、电信局、飞机场、领(导)航台、国家重点风景旅游区等;应满足防洪、抗震标准的要求;应有良好的地质条件,避开断层、滑坡、塌陷区、溶洞地带、山区风口等不良地质构造;在国家重点保护的文化遗址或有重要开采价值的矿藏上不得设置电源变电所。

c. 城镇变电所的合理供电半径。城镇变电所的合理供电半径见下表。

变电的电压等级(kV)	变电所二次侧电压(kV)	合理供电半径(km)
500	220	200 ~ 300
330	220、110	100 ~ 200
220	110、66、35、10	50 ~ 100
110	10	15 ~ 50
66	10	5 ~ 15
35	10	5 ~ 10
10	—	0.25 ~ 8

d. 公用配电所(简称配电所)。宜采用户内型结构的公用配电所的情况有:市中心地区,

住宅小区、高层楼群、旅游网点的负荷密度较高时;对市容有特殊要求的街区及分散的大用电户。

(4)电力线路

城镇电力线路分为架空线路和地下电缆线路两类。

①城镇架空电力线路。城镇架空电力线路的路径应根据城镇地形、地貌特点和城市道路网规划来选择,沿道路、河渠、绿化带架设。路径应做到短捷、顺直,尽可能减少与道路、河流、铁路等的交叉,避免跨越建筑物;应满足防洪、抗震的要求。

②城镇电力电缆线路。在市区内规划新建的35kV以上的电力线路,当敷设在城镇中心地区、高层建筑群区、市区主干道、繁华街道及风景旅游景区和对架空裸导线有严重腐蚀的地区时,应采用地下电缆。

③城镇高压走廊规划。城镇35kV及以上高压架空电力线路应规划专用通道加以保护,其规划走廊宽度应根据所在城镇的地理位置、地形、地貌、水文、地质、气象等条件,根据下表合理选定。

线路电压等级(kV)	高压线走廊宽度(m)
500	60 ~ 75
330	35 ~ 45
220	30 ~ 40
66,110	15 ~ 25
35	15 ~ 20

2.6.4 城镇通信工程规划

(1)城镇通信系统

城镇通信业务包括邮政通信和电信通信。

①邮政系统。指将用户的信息资料(包括固体、液体和气体的)由人工方式进行传输的行为。

②电信系统。指在城镇区域内外的电信部门(局)与微波站、卫星及卫星地面站,电信局与中转设备,电信局与用户集中设备,电信局与用户终端设施以有线和无线的形式进行信息传播的系统。

(2)城镇通信工程规划的任务、内容

①主要任务。根据城镇通信实况和发展趋势,确定规划期内城镇通信发展目标,预测通信需求;确定邮政、电信、广播、电视等各种通信设施和通信线路;制定通信设施综合利用对策与措施,以及通信设施保护措施。

②主要内容

城镇总体规划中的主要内容:依据城镇经济社会发展目标、城镇性质与规模及通信有关基础资料,宏观预测城镇近期和远期通信需求量,预测与确定城镇近、远期电话普及率和装机容量，确定邮政、移动通信、广播、电视等发展目标和规模。

（3）城镇通信工程规划

①邮政规划

a. 邮政规划内容。邮政通信网是邮政支局（所）和各级邮件处理中心及其他设施（邮政支局、所是基本服务网点），通过邮路的相互连接，组成的传递邮件的网络系统。涉及城镇总体规划用地布局的邮政设施主要有邮政处理中心、邮政局、邮件转运站。在详细规划阶段，应考虑规划范围内邮政支局（所）的分布位置、规模等。

b. 邮政局（所）的选址原则。邮政局是城镇邮政部门的行政机关，较多设在城镇中心区、居民集聚区、公共活动场所及大专院校所在地；局址应交通便利，便于运输邮件的车辆通行；地形宜平坦，有良好的地质条件；车站、机场、港口及宾馆等场所内应设邮电业务设施；应符合城镇规划的要求。

②电信工程规划

a. 城镇固定电话网。

b. 电话业务预测方法。电话可以分为业务电话、住宅电话和公用电话三部分。电话普及率（泛指主线或号线普及率、话机普及率）是电信的行业指标。家庭电话普及率一般按住宅电话或住宅电话普及率的增长规律预测。

c. 电信局（所）选址的原则：接近计算的线路网中心；为避免强电对弱电的干扰，应避开靠近 110kV 以上变电站和线路的地点；应便于进局电缆两路进线和电缆管道的敷设；兼营业服务点的局所和单局制局所一般宜在城镇中心选址。

2.6.5 城镇燃气工程规划

（1）城镇燃气系统

①城镇燃气种类。燃气按来源可分为天然气、人工煤气、液化石油气和生物气（沼气）四大类，一般在城镇系统中采用前三种类型燃气，生物气适宜在村镇等居民点选择。

②城镇燃气系统组成。城镇燃气系统包括气源、输配系统和用户系统三部分。城镇气源不同，其输配系统也不同。

天然气供气系统通过长输管线将天然气输送至天然气门站，通过调压系统，进入城镇输配系统；人工煤气厂一般距城镇较近，大部分直接进入城镇输配系统；液化天然气均采用汽车或火车运输至小区气化站，直接减压输送至用户管道系统。液化石油气采用瓶装送至用户。

（2）城镇燃气工程规划的任务、内容

①主要任务：根据城镇和区域燃料资源状况，选择城镇燃气气源，合理确定规划期内各种燃气的用量，进行城镇燃气气源规划；确定各种供气设施的规模、布局；选择确定城镇燃气管网系统；科学布置气源厂、气化站等产、供气设施和输配气管网；制定燃气设施和管道的保护措施。

②主要内容

城镇总体规划中的主要内容：预测城镇燃气负荷；选择城镇气源种类；确定城镇气源厂

和储配站的数量、位置与容量；选择城镇燃气输配管网的压力级制；布局城镇输气干管。

(3)城镇燃气工程规划

①城镇燃气负荷预测方法。在总体规划阶段常采用分项相加法和比例估算法；在详细规划阶段常采用不均匀系数法。

②城镇燃气种类选择。遵照国家能源政策和燃气发展方针，结合各地区燃料资源的情况，选择技术上可靠、经济上合理的气源；应根据城镇的地质、水文、气象等自然条件和水、电、热的供给情况，选择合适的气源；应合理利用现有气源，并争取利用各工矿企业的余气；应根据城镇的规模和负荷的分布情况，合理确定气源的数量和主次分布，保证供气的可靠性；在城镇选择多种气源联合供气时，应考虑各种燃气间的互换性，或确定合理的混配燃气方案；选择气源时，还必须考虑气源厂之间和气源厂与其他工业企业之间的协作关系。

(4)燃气输配系统规划

①长输管线。长输管线是指将天然气和人工燃气输送至城镇或其他用气地区的长距离输送管线。长输管线线路选择原则为：尽量通过开阔地带和地势平坦地区，力求取直，转折角不小于120°，线路避免穿越矿藏区、风景名胜区、历史保护区等。

②城镇燃气管网系统。城镇燃气输配系统设计，应符合城镇燃气总体规划的要求，做到远、近期规划相结合，以近期为主，经技术经济比较后确定合理的方案。应尽量靠近用户，以保证在相同的供气效果下，采用最短的线路长度；减少穿、跨越河流、水域、铁路等工程，以减少投资。为确保供气可靠，一般各级管网应沿路布置。由于感应电场对管道会造成严重腐蚀，因此，燃气管网应避免与高压电缆平行敷设。

2.6.6 城镇环卫设施规划

(1)城镇环境卫生设施规划的任务、内容

①主要任务。根据城镇发展目标和城镇布局确定城镇环境卫生设施配置标准和垃圾集运、处理方式；确定主要环境卫生设施的规模和布局；布置垃圾处理场等各种环境卫生设施；制定环境卫生设施的隔离与防护措施；提出垃圾回收利用的对策与措施。

②主要内容

城镇总体规划中的主要内容：测算城镇固体废弃物产量，分析其组成和发展趋势，提出污染控制目标；确定城镇固体废弃物的收运方案；选择城镇固体废物处理和处置方法；布局各类环境卫生设施，确定服务范围、设置规模、设置标准、动作方式、用地指标等；进行可能的技术经济方案比较。

(2)城镇固体废物处理工程规划

城镇固体废物是人类在生产、生活过程中所产生的失去其使用价值而丢弃的固体、半固体物质，是工业固体废物、有毒有害固体废物和城镇生活垃圾的总称。

①城镇生活垃圾产生量预测。城镇生活垃圾产生量预测一般有人均指标法和增长率法。

在人均指标法中，我国城镇生活垃圾的规划人均指标常以0.9～1.4kg为宜，由人均指标乘以规划的人口数则可得到城镇生活垃圾总量。

②城镇生活垃圾收集与运输

a.城镇生活垃圾收集方式。城镇生活垃圾常采用垃圾箱(桶)收集、垃圾管道收集、袋装化上门收集等收集方式,在高层楼房和现代化住宅密集区内可采用自动化程度高的垃圾气动系统收集。

b.城镇生活垃圾的运输。城镇垃圾运输中的清运线路设计应注意:应尽可能将收集路线的出发点接近停放车辆场所;为方便出入,线路的开始与结束点应临近城镇的主要道路;在陡峭地区,应空车上坡,下坡收集,从而节省燃料,减少车辆损耗;线路应使每日清运的垃圾量、运输路程、花费时间尽可能相同。

c.城镇固体废物的处理。固体废物处理的总原则应优先考虑减量化、资源化,尽量做到回收利用,对无法回收利用的固体废物或其他处理方式产生的残留物进行最终无害化处理。

目前,各国处理、处置固体废物的方法主要有土地填埋法、焚烧法、热解法、自然堆存法、堆肥法等。而对有毒有害的固体废物的处理,宜通过改变其物理、化学性质,达到减少或消除危险废物对环境的有害影响的目的。常用的处置手段有安全土地填埋、焚化、投海、地下或深井处置等方法。如我国对城镇医院垃圾采取集中焚烧的方法进行处理。

(3)城镇环境卫生设施规划

①公共厕所

公共厕所的设置范围。城镇中在下列范围应设置公共厕所:商业区、市场、客运交通枢纽、体育文化场馆、游乐场所、广场、大型社会停车场、公园及风景名胜区等。

公共厕所的设置标准:

a.居住用地的公共厕所:设置密度为3~5座/km^2,设置间距为500~800m,建筑面积为30~60m^2/座。

b.车站(含站前广场)、码头、体育场(馆)等场所的公共厕所:设置密度为4~11座/km^2;设置间距为300~500m;建筑面积为50~120m^2/座。

c.工业用地、仓储用地的公共厕所:设置密度为1~2座/km^2;设置间距为800~1000m;建筑面积为30m^2/座。

②废物箱的设置要求

a.废物箱的设置应满足行人生活垃圾的分类收集要求,行人生活垃圾分类收集方式应与分类处理方式相适应。

b.废物箱应设置在道路的两侧,各类公共设施、交通客运设施、广场等的出入口的附近。

c.设置在道路两侧的废物箱,其间距按道路功能划分:商业、金融业街道,50~100m;主干路、次干路,有辅道的快速路:100~200m;支路、有人行道的快速路:200~400m。

③生活垃圾收集点。生活垃圾收集点的服务半径一般不应超过70m,在新建住宅区,未设垃圾管道的多层住宅,一般每4幢建筑设一个垃圾收集点。

④生活垃圾转运站。生活垃圾转运站的选址宜尽可能靠近服务区域中心或垃圾产量最多的地方,同时其周围应满足交通方便的要求,不宜设置靠近人流、车流的地区。

⑤生活垃圾卫生填埋场。生活垃圾卫生填埋场原则上应在城镇建成区外选址建设，使用年限应不小于10年，场地应具有良好的地质条件，便于运输和取土，人口密度低，并且土地及地下水利用价值不大；严禁在水源保护区建设垃圾填埋场。

生活垃圾填埋场距大、中城镇规划建成区应大于5km，距小城镇建成区应大于2km，距居民点应大于0.5km。场地内应设置不小于20m的绿化隔离带，且沿周边设置，场地四周宜设置宽度不小于100m的防护绿地或生态绿地。

⑥生活垃圾焚烧厂。当生活垃圾热值大于500kJ/kg，且卫生填埋场选址困难时，可建设垃圾焚烧厂。

生活垃圾焚烧厂宜布置在城镇规划建成区以外或边缘，综合用地指标采用50～100m^2/t·d，并不小于1公顷，厂区周边绿化隔离带宽度不小于10m，并沿周边布置。

第三篇
综合实训

小城镇规划综合实训任务书一

<table>
<tr><td>任务名称</td><td colspan="3">某城镇镇区规划(一)</td></tr>
<tr><td>学生姓名</td><td></td><td>班　级</td><td></td></tr>
<tr><td>学　时</td><td></td><td>学　分</td><td></td></tr>
<tr><td>实训目的</td><td colspan="3">通过城镇镇区规划综合实训,使学生具备小城镇镇区规划设计内容表达的能力,包括城镇镇区用地布局规划图纸深度和规划图纸表达、规划现状分析能力,在查阅相关法规、标准的基础上进行小城镇镇区规划的初步能力。</td></tr>
<tr><td>实训任务</td><td colspan="3">1. 任务概述
某城镇位于县域南部,距离县城 20km。该镇位于河流南岸,以平原地貌为主,南部接丘陵山地;该城镇主要对外交通为县道,过河后往北可通往县城;该乡镇区域属于农业发达地区,土地肥沃,地貌多以平原为主,村落人口聚集。乡镇产业主要以农业种植为主,近年来蔬菜种植面积不断扩大,形成了一定的产业规模。乡镇总人口 3 万人,其中劳动力人口约 1.3 万人,外出务工人口约 0.8 万人,小城镇镇区常住人口约 2000 人。
该城镇在市域城镇体系规划中定位为一般城镇,规划人口约 3000 人,城镇职能为农业服务型。
2. 任务要求
规划期限:近期 3 ~ 5 年,远期 10 ~ 20 年,应考虑国民经济与社会发展规划期限同步。小城镇规划人口 3000 人,城镇性质为农业服务型城镇。</td></tr>
<tr><td>实训成果</td><td colspan="3">1. 提交成果形式为 A3 图册(包含说明书和图集);镇区用地布局规划图(A2 挂图)。
2. 图集(必选):镇区用地布局规划图、镇区分析图(功能结构、道路结构和景观结构)、镇区道路横断面设计图、镇区道路竖向设计图;
图集(可选):镇区给水工程规划图、镇区排水工程规划图(雨污)、镇区电力电信工程规划图、镇区燃气工程规划图、镇区用地强度控制规划图、镇区城市设计引导图。</td></tr>
<tr><td rowspan="5">评分标准</td><td>课程设计态度 20%</td><td></td><td rowspan="5">超星学习通:
实训资料下载</td></tr>
<tr><td>课程设计成果 40%</td><td></td></tr>
<tr><td>课程设计答辩 30%</td><td></td></tr>
<tr><td>课程设计出勤 10%</td><td></td></tr>
<tr><td>课程设计总分</td><td></td></tr>
<tr><td rowspan="7">进度安排</td><td>2 课时</td><td colspan="2">理论讲解,布置任务</td></tr>
<tr><td>8 课时</td><td colspan="2">镇区用地布局方案设计</td></tr>
<tr><td>4 课时</td><td colspan="2">镇区用地布局图绘制</td></tr>
<tr><td>8 课时</td><td colspan="2">分析图和道路横断面设计图绘制、竖向纸绘制</td></tr>
<tr><td>4 课时</td><td colspan="2">镇区综合管线图(给排水、电力电信、燃气)绘制</td></tr>
<tr><td>4 课时</td><td colspan="2">镇区用地强度控制规划图、镇区城市设计引导图绘制</td></tr>
<tr><td>4 课时</td><td colspan="2">成果排版制作</td></tr>
</table>

附图：

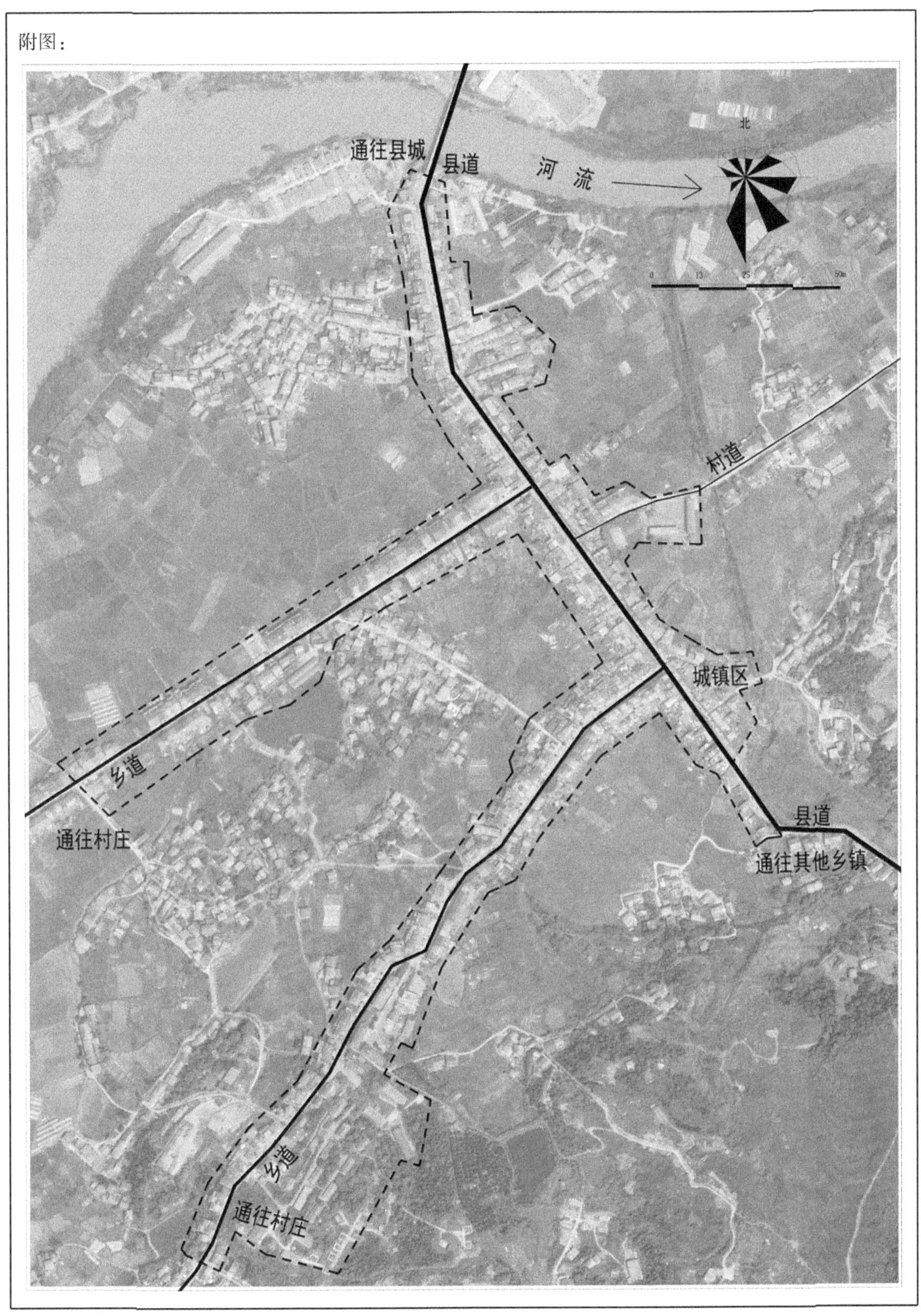

小城镇规划综合实训任务书二

<table>
<tr><td>任务名称</td><td colspan="4">某城镇镇区规划(二)</td></tr>
<tr><td>学生姓名</td><td colspan="2"></td><td>班　　级</td><td></td></tr>
<tr><td>学　　时</td><td colspan="2"></td><td>学　　分</td><td></td></tr>
<tr><td>实训目的</td><td colspan="4">通过城镇镇区规划综合实训,使学生具备小城镇镇区规划设计内容表达的能力,包括城镇镇区用地布局规划图纸深度和规划图纸表达、规划现状分析能力,在查阅相关法规、标准的基础上进行小城镇镇区规划的初步能力。</td></tr>
<tr><td>实训任务</td><td colspan="4">1. 任务概述
某城镇位于市区北部与外省交界处,距离市区 50km。该镇位于河流东岸,周边为平原丘陵地貌;该城镇以西 1.5km,有南北向国道一条,可通往市区;城镇镇区内有县道穿过,往西接国道,往东可通往邻省县城,外省县城与该镇距离约 10km。该城镇区域土地肥沃,农业发达,村落人口聚集,乡镇产业主要以农业种植为主,近年来水产养殖业发展迅速,形成了一定的产业规模。乡镇总人口 4 万人,其中劳动力人口约 2 万人,外出务工人口约 1.1 万人,小城镇镇区常住人口约 3000 人。
该城镇历史上是著名的米市,商业发达,是本市北部重镇,近现代由于交通发展和产业格局变化,该镇有所衰落,但该镇仍是本市北部重要城镇之一,在市域城镇体系规划中定位为二级城镇,规划人口约 5000 人(该市城镇体系规划中将城镇分为一级、二级和三级城镇),城镇职能为商贸型。
2. 任务要求
规划期限:近期 3 ~5 年,远期 10 ~20 年,应考虑国民经济与社会发展规划期限同步。小城镇规划人口 5000 人,城镇性质为商贸型城镇。根据镇政府要求,需新建集贸市场一处,选址自定。东西向经过镇区的县道根据上位规划,升级为省道,且改线至镇区南部,详见附图。</td></tr>
<tr><td>实训成果</td><td colspan="4">1. 提交成果形式为 A3 图册(包含说明书和图集);镇区用地布局规划图(A2 挂图)。
2. 图集(必选):镇区用地布局规划图、镇区分析图(功能结构、道路结构和景观结构)、镇区道路横断面设计图、镇区道路竖向设计图;
图集(可选):镇区给水工程规划图、镇区排水工程规划图(雨污)、镇区电力电信工程规划图、镇区燃气工程规划图、镇区用地强度控制规划图、镇区城市设计引导图。</td></tr>
<tr><td rowspan="5">评分标准</td><td>课程设计态度 20%</td><td></td><td colspan="2" rowspan="5">超星学习通:
实训资料下载</td></tr>
<tr><td>课程设计成果 40%</td><td></td></tr>
<tr><td>课程设计答辩 30%</td><td></td></tr>
<tr><td>课程设计出勤 10%</td><td></td></tr>
<tr><td>课程设计总分</td><td></td></tr>
<tr><td rowspan="7">进度安排</td><td>2 课时</td><td colspan="3">理论讲解,布置任务</td></tr>
<tr><td>8 课时</td><td colspan="3">镇区用地布局方案设计</td></tr>
<tr><td>4 课时</td><td colspan="3">镇区用地布局图绘制</td></tr>
<tr><td>8 课时</td><td colspan="3">分析图和道路横断面设计图绘制、竖向纸绘制</td></tr>
<tr><td>4 课时</td><td colspan="3">镇区综合管线图(给排水、电力电信、燃气)绘制</td></tr>
<tr><td>4 课时</td><td colspan="3">镇区用地强度控制规划图、镇区城市设计引导图绘制</td></tr>
<tr><td>4 课时</td><td colspan="3">成果排版制作</td></tr>
</table>

附图：

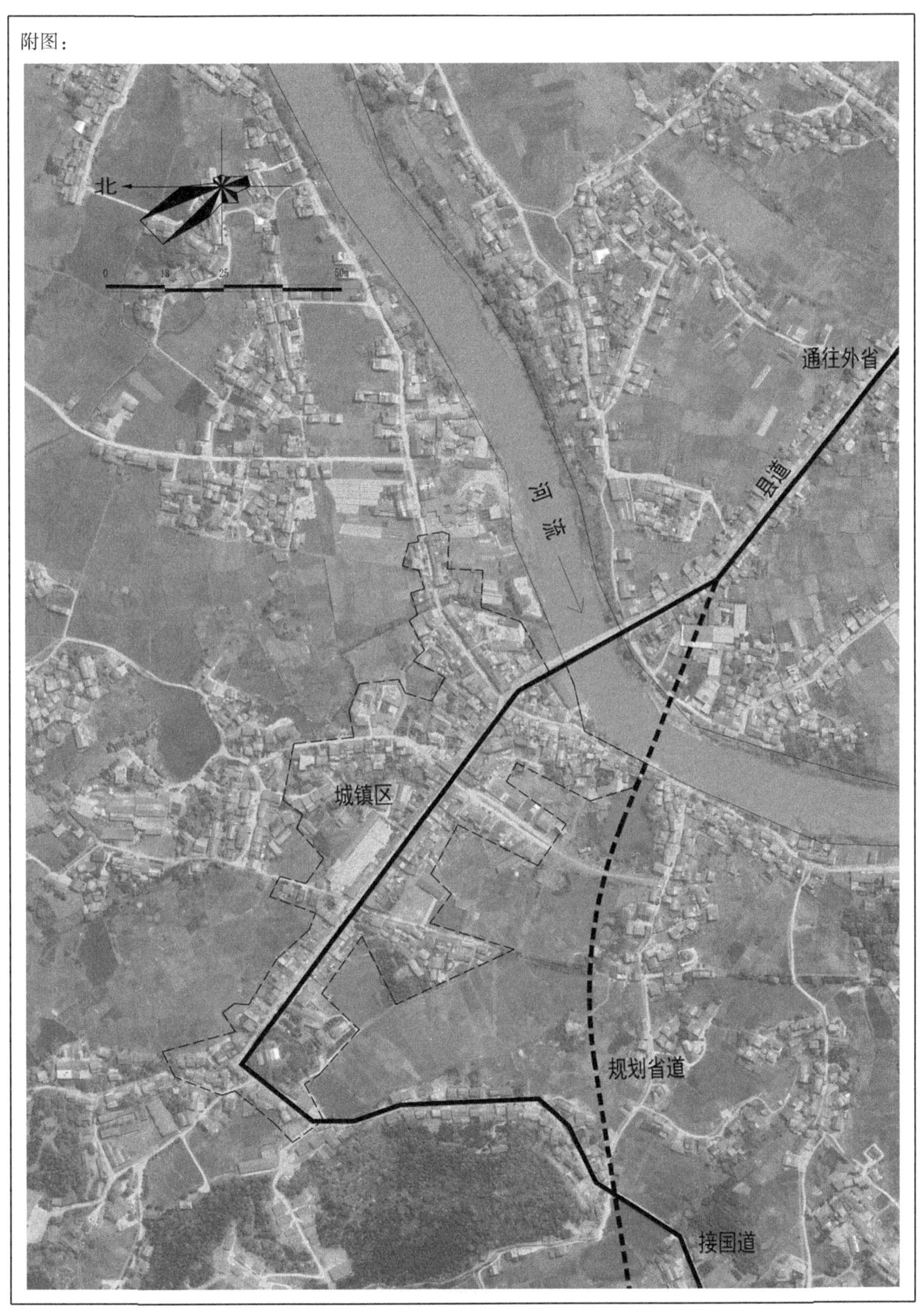

小城镇规划综合实训任务书三

<table>
<tr><td>任务名称</td><td colspan="3">某城镇镇区规划(三)</td></tr>
<tr><td>学生姓名</td><td></td><td>班　　级</td><td></td></tr>
<tr><td>学　　时</td><td></td><td>学　　分</td><td></td></tr>
<tr><td>实训目的</td><td colspan="3">通过城镇镇区规划综合实训,使学生具备小城镇镇区规划设计内容表达的能力,包括城镇镇区用地布局规划图纸深度和规划图纸表达、规划现状分析能力,在查阅相关法规、标准的基础上进行小城镇镇区规划的初步能力。</td></tr>
<tr><td>实训任务</td><td colspan="3">1. 任务概述
某城镇位于市区北部城郊,距离市区 3.5km。该镇属于丘陵地貌,北面接山区;该城镇主要对外交通线路为县道,往西南方向可通往市区;该乡镇多为山区,森林覆盖率高,乡镇产业主要以农业种植和林业为主。乡镇总人口 2 万人,其中劳动力人口约 0.7 万人,外出务工人口约 1.0 万人,小城镇镇区常住人口约 2500 人。
从镇区沿乡道往北 1km,有小(二)型水库一座,政府拟开发为生态休闲基地,沿该乡道继续往北 5km 有古村落一处,政府结合保护计划将其打造为 3A 级旅游景区,已经完成开发建设即将开放营业。在市域城镇体系规划中定位为一般城镇,规划人口约 4000 人,城镇职能为旅游服务型。
2. 任务要求
规划期限:近期 3 ~5 年,远期 10 ~20 年,应考虑国民经济与社会发展规划期限同步。小城镇规划人口 4000 人,城镇性质为旅游服务型城镇。北面 3A 级景区由于自然环境等因素限制,旅游大巴不能直接到达,且无法满足旅游接待设施布置,因此计划在该小城镇设置旅游接待设施和旅游观光车换乘等设施,镇区可结合北面景区、休闲基地进行适当旅游开发。</td></tr>
<tr><td>实训成果</td><td colspan="3">1. 提交成果形式为 A3 图册(包含说明书和图集);镇区用地布局规划图(A2 挂图)。
2. 图集(必选):镇区用地布局规划图、镇区分析图(功能结构、道路结构和景观结构)、镇区道路横断面设计图、镇区道路竖向设计图;
图集(可选):镇区给水工程规划图、镇区排水工程规划图(雨污)、镇区电力电信工程规划图、镇区燃气工程规划图、镇区用地强度控制规划图、镇区城市设计引导图。</td></tr>
<tr><td rowspan="5">评分标准</td><td>课程设计态度 20%</td><td></td><td rowspan="5">超星学习通:
实训资料下载</td></tr>
<tr><td>课程设计成果 40%</td><td></td></tr>
<tr><td>课程设计答辩 30%</td><td></td></tr>
<tr><td>课程设计出勤 10%</td><td></td></tr>
<tr><td>课程设计总分</td><td></td></tr>
<tr><td rowspan="7">进度安排</td><td>2 课时</td><td colspan="2">理论讲解,布置任务</td></tr>
<tr><td>8 课时</td><td colspan="2">镇区用地布局方案设计</td></tr>
<tr><td>4 课时</td><td colspan="2">镇区用地布局图绘制</td></tr>
<tr><td>8 课时</td><td colspan="2">分析图和道路横断面设计图绘制、竖向纸绘制</td></tr>
<tr><td>4 课时</td><td colspan="2">镇区综合管线图(给排水、电力电信、燃气)绘制</td></tr>
<tr><td>4 课时</td><td colspan="2">镇区用地强度控制规划图、镇区城市设计引导图绘制</td></tr>
<tr><td>4 课时</td><td colspan="2">成果排版制作</td></tr>
</table>

附图：

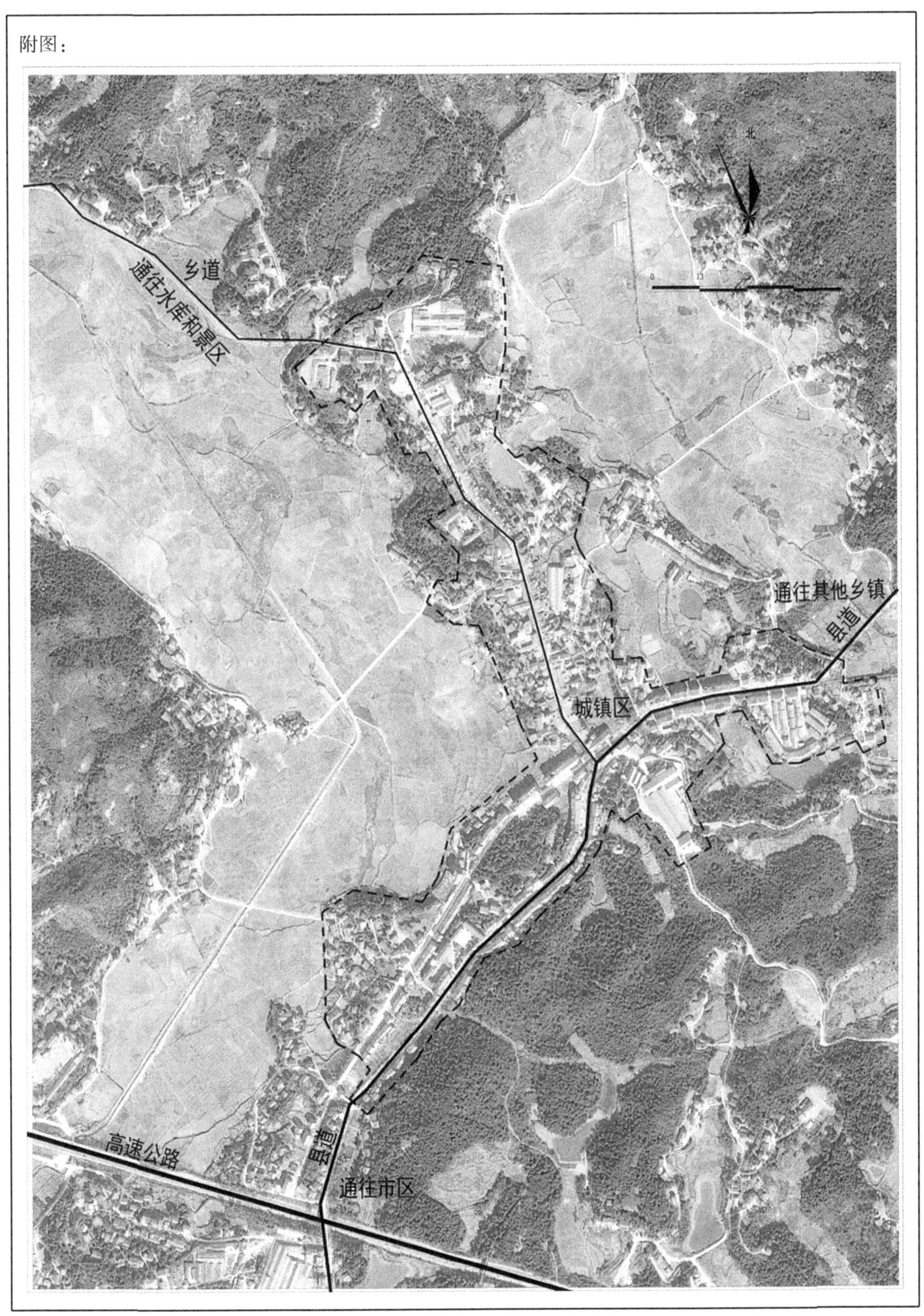

小城镇规划综合实训任务书四

<table>
<tr><td>任务名称</td><td colspan="3">某城镇镇区规划(四)</td></tr>
<tr><td>学生姓名</td><td></td><td>班　　级</td><td></td></tr>
<tr><td>学　　时</td><td></td><td>学　　分</td><td></td></tr>
<tr><td>实训目的</td><td colspan="3">通过城镇镇区规划综合实训,使学生具备小城镇镇区规划设计内容表达的能力,包括城镇镇区用地布局规划图纸深度和规划图纸表达、规划现状分析能力,在查阅相关法规、标准的基础上进行小城镇镇区规划的初步能力。</td></tr>
<tr><td>实训任务</td><td colspan="3">1. 任务概述
某城镇位于县城北部山区,距离市区 20km。该城镇有省道南北向经过,往南可通往县城,往北通往更为偏远山区乡镇;乡镇内有银锌矿多处,在城镇以西有冶炼企业一家,职工 1000 人。该城镇区域土地肥沃,农业发达,村落人口聚集,乡镇产业主要以农业种植为主,近年来水产养殖业发展迅速,形成了一定的产业规模。乡镇总人口 3.5 万人,其中劳动力人口约 1.8 万人,外出务工人口约 1.2 万人,小城镇镇区常住人口约 3000 人。
在市域城镇体系规划中定位为一般镇,规划人口约 5000 人,城镇职能为工矿型;随着环保加强,政府计划关停冶炼企业,在产区基础上打造为污染较小的银饰小工艺品加工产业区。
2. 任务要求
规划期限:近期 3 ~ 5 年,远期 10 ~ 20 年,应考虑国民经济与社会发展规划期限同步。小城镇规划人口 5000 人,城镇性质为工矿型城镇。考虑新建小工艺品加工区和城镇之间的联系;镇区镇政府建筑为原中学建筑,现已经成危房,且交通不便,规划应考虑重新选址。</td></tr>
<tr><td>实训成果</td><td colspan="3">1. 提交成果形式为 A3 图册(包含说明书和图集);镇区用地布局规划图(A2 挂图)。
2. 图集(必选):镇区用地布局规划图、镇区分析图(功能结构、道路结构和景观结构)、镇区道路横断面设计图、镇区道路竖向设计图;
图集(可选):镇区给水工程规划图、镇区排水工程规划图(雨污)、镇区电力电信工程规划图、镇区燃气工程规划图、镇区用地强度控制规划图、镇区城市设计引导图。</td></tr>
<tr><td rowspan="5">评分标准</td><td>课程设计态度 20%</td><td></td><td rowspan="5">超星学习通:
实训资料下载</td></tr>
<tr><td>课程设计成果 40%</td><td></td></tr>
<tr><td>课程设计答辩 30%</td><td></td></tr>
<tr><td>课程设计出勤 10%</td><td></td></tr>
<tr><td>课程设计总分</td><td></td></tr>
<tr><td rowspan="7">进度安排</td><td>2 课时</td><td colspan="2">理论讲解,布置任务</td></tr>
<tr><td>8 课时</td><td colspan="2">镇区用地布局方案设计</td></tr>
<tr><td>4 课时</td><td colspan="2">镇区用地布局图绘制</td></tr>
<tr><td>8 课时</td><td colspan="2">分析图和道路横断面设计图绘制、竖向纸绘制</td></tr>
<tr><td>4 课时</td><td colspan="2">镇区综合管线图(给排水、电力电信、燃气)绘制</td></tr>
<tr><td>4 课时</td><td colspan="2">镇区用地强度控制规划图、镇区城市设计引导图绘制</td></tr>
<tr><td>4 课时</td><td colspan="2">成果排版制作</td></tr>
</table>

附图：

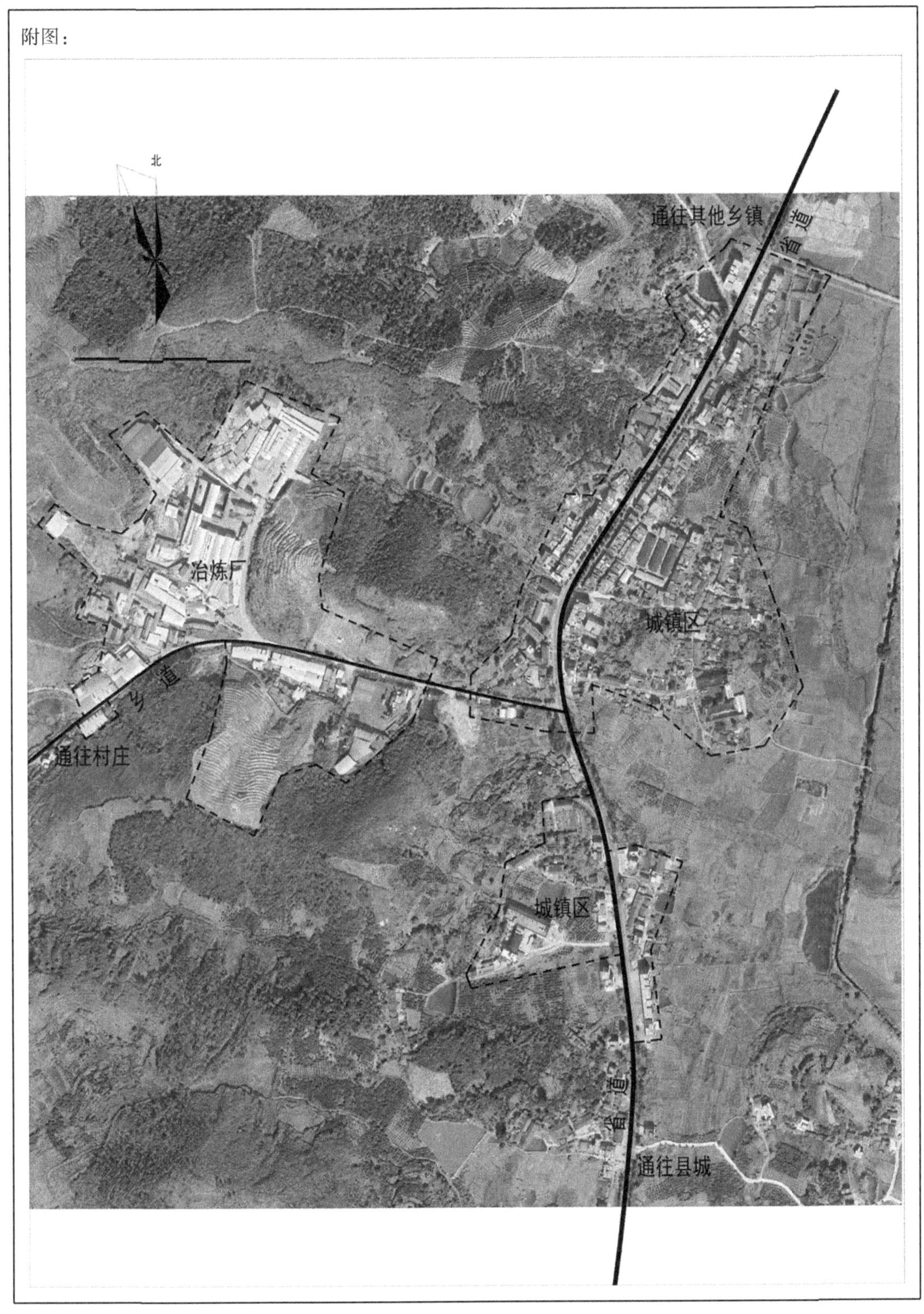

小城镇规划综合实训任务书五

<table>
<tr><td>任务名称</td><td colspan="3">某城镇镇区规划(五)</td></tr>
<tr><td>学生姓名</td><td colspan="2"></td><td>班　　级</td></tr>
<tr><td>学　　时</td><td colspan="2"></td><td>学　　分</td></tr>
<tr><td>实训目的</td><td colspan="3">通过城镇镇区规划综合实训,使学生具备小城镇镇区规划设计内容表达的能力,包括城镇镇区用地布局规划图纸深度和规划图纸表达、规划现状分析能力,在查阅相关法规、标准的基础上进行小城镇镇区规划的初步能力。</td></tr>
<tr><td>实训任务</td><td colspan="3">1. 任务概述
某城镇位于县城东部山区,距离市区 80km。该镇位于山地外围区域,地貌以丘陵为主,乡镇东部、南部、北部均为山区乡镇;该城镇交通便利;城镇区内有国道穿过,城镇以西为高速公路,南北走向且在城镇以北 3km 处有互通出入口一个;以南有铁路干线一条,在城镇南面 2.5km处设置货运站一处;该城镇是山区几个乡镇对外出行必经之地,经过发展形成了一定的物资转运功能。该乡镇产业以农业为主,且经济落后,乡镇人口 2.0 万人,劳动力约 1.0 万人,其中常年外出务工人口约 0.7 万人;城镇常住人口约 4000 人,其中外来人口约 1500 人。
在市域城镇体系规划中定位为重点城镇,规划人口约 7000 人(该市城镇体系规划中将城镇分为中心、重点和一般城镇),城镇职能为交通型。
2. 任务要求
规划期限:近期 3 ~ 5 年,远期 10 ~ 20 年,应考虑国民经济与社会发展规划期限同步。小城镇规划人口 7000 人,城镇性质为交通型城镇。通过调研发现现有货物转运场地位于城镇中心的市场,来往货运车辆对城镇干扰大,规划应考虑货运物流用地布置和组织交通,减少货运车辆对城镇的干扰。</td></tr>
<tr><td>实训成果</td><td colspan="3">1. 提交成果形式为 A3 图册(包含说明书和图集);镇区用地布局规划图(A2 挂图)。
2. 图集(必选):镇区用地布局规划图、镇区分析图(功能结构、道路结构和景观结构)、镇区道路横断面设计图、镇区道路竖向设计图;
图集(可选):镇区给水工程规划图、镇区排水工程规划图(雨污)、镇区电力电信工程规划图、镇区燃气工程规划图、镇区用地强度控制规划图、镇区城市设计引导图。</td></tr>
<tr><td rowspan="5">评分标准</td><td>课程设计态度 20%</td><td></td><td rowspan="5">超星学习通:
实训资料下载</td></tr>
<tr><td>课程设计成果 40%</td><td></td></tr>
<tr><td>课程设计答辩 30%</td><td></td></tr>
<tr><td>课程设计出勤 10%</td><td></td></tr>
<tr><td>课程设计总分</td><td></td></tr>
<tr><td rowspan="7">进度安排</td><td>2 课时</td><td colspan="2">理论讲解,布置任务</td></tr>
<tr><td>8 课时</td><td colspan="2">镇区用地布局方案设计</td></tr>
<tr><td>4 课时</td><td colspan="2">镇区用地布局图绘制</td></tr>
<tr><td>8 课时</td><td colspan="2">分析图和道路横断面设计图绘制、竖向纸绘制</td></tr>
<tr><td>4 课时</td><td colspan="2">镇区综合管线图(给排水、电力电信、燃气)绘制</td></tr>
<tr><td>4 课时</td><td colspan="2">镇区用地强度控制规划图、镇区城市设计引导图绘制</td></tr>
<tr><td>4 课时</td><td colspan="2">成果排版制作</td></tr>
</table>

附图：